### 루카 노벨리(LUCA NOVELLI)

작가, 만화가 겸 저널리스트. 이탈리아에서 태어나고 자랐어요. 이탈리아 국영 방송국을 비롯하여 세계자연기금, 박물관, 대학 등과 협력하여 과학과 관련한 많은 프로젝트를 진행했어요. 라이 에듀케이셔널에서는 이 시리즈물의 바탕이 된 〈천재의 불꽃(Lampi di Genio)〉 프로그램의 작가 겸 디렉터로 일하기도 했어요.

2001년에는 이탈리아의 환경보호 단체인 레감비엔테가 수여하는 상을, 2004년에는 과학 대중화에 기여한 공로로 안데르센 상을 받았답니다. 또한, 2004년에 그는 다윈2 프로젝트를 시작하여 예전에 진행된 다윈의 비글호 탐험을 재현하기도 했어요. 그의 작품은 전 세계 20여 개 나라의 언어로 소개되어 어린이와 청소년의 꾸준한 사랑을 받고 있어요.

### 김영옥

국내 독자들에게 영미권의 좋은 책들을 소개하는 일에 큰 보람을 느끼고 있어요. 현재 바른번역 소속의 번역가로 활동하고 있답니다. 옮긴 책으로는 『북유럽 신화 오딘, 토르, 로키 이야기』, 『마이펫의 이중생활1, 2』, 『크리스마스 할아버지와 나』, 『크리스마스를 구한 소녀』, 『프리다 칼로』, 『어떤 개를 찾으세요?』, 『고양이가 되다』, 『왜? 고맙다고 말해야 해요?』 등이 있어요.

별별 천재들의 과학 수업

# 호킹과 신비한 블랙홀

HAWKING

For the Italian edition:

**Original title: Hawking e il mistero dei buchi neri**

Texts and illustrations by Luca Novelli

Cover graphic design by Alessandra Zorzetti

Graphic design by Studio Link (www.studio-link.it)

Copyright © 2019 Luca Novelli/Quipos srl

Copyright © 2019 Editoriale Scienza S.r.l., Firenze –Trieste

www.editorialescienza.it

www.giunti.it

All rights reserved

No part of this book may be used or reproduced in any manner whatever without written permission, except in the case of brief quotations embodied in critical articles or reviews.

Korean Translation Copyright © 2020 by Chungaram Media

Published by arrangement with Editoriale Scienza S.r.l., through BC Agency, Seoul.

이 책의 한국어판 저작권은 BC 에이전시를 통한 저작권자와의 독점 계약으로 청어람미디어에 있습니다. 신 저작권법에 의해 한국 내에서 보호를 받는 저작물이므로 무단전재와 무단복제를 금합니다.

# 호킹과 신비한 블랙홀

루카 노벨리 글·그림 | 김영옥 옮김

청어람아이

# 스티븐 호킹
### Stephen Hawking

"당신이 사랑하는 사람들이
사는 곳이 아니었다면
우주도 별 의미가
없었을 것이다."

스티븐 호킹은 갈릴레이, 뉴턴, 아인슈타인과 비교되어 왔어요. 그러니까 역사상 가장 위대한 천재 세 사람과 어깨를 나란히 해왔지요. 어쩌면 지금 호킹은 수많은 평행 우주 중 한 군데서 자신의 위대한 동료들에게 블랙홀 이론을 설명하고 있을지도 몰라요.

스티븐 호킹은 '우주가 어떻게 시작되었는가? 우주는 얼마나 광활한가? 얼마나 오랫동안 존재해 왔는가? 우주가 생기기 이전에는 무엇이 있었는가? 우주는 어떻게 끝날 것인가?'와 같이 인류가 지금껏 해온 가장 어려운 질문에 대답하기 위해 애쓰다가 우리 곁을 떠났어요.

이 책에서는 호킹이 자신의 이야기를 들려줄 거예요. 처음에는 여느 아이들과 다르지 않던 한 소년이 자신을 무너뜨리려는 악에 맞서 어마어마한 전투를 벌이게 됩니다. 소년은 그 악을 놀라운 기회로 바꿔놓았지요.

## 차례

**이 책의 내용을 소개합니다** ............................ 8
**호킹의 우주** ............................................. 10

1. 나, 스티븐 호킹! ..................................... 13
2. 별들은 내가 자라는 모습을 지켜보았어 ............ 17
3. 하늘은 어떻게 생겨났나요? ......................... 21
4. 실수에서 배우기 ..................................... 25
5. 나는 이제 옥스퍼드에 있어 .......................... 29
6. 졸업! ................................................. 33
7. 제인을 만나다 ....................................... 37
8. 케임브리지의 우주론자 ............................. 41
9. 블랙홀에서 빅뱅까지 ................................ 45
10. 우주에서 온 신호 ................................... 49
11. 블랙홀이 증발하다! ................................ 53
12. 별을 먹는 물체 ..................................... 57
13. 어마어마한 내기! ................................... 61
14. 집으로 .............................................. 65
15. 컴퓨터 공학 만세! .................................. 69
16. 나는 베스트셀러 작가야! .......................... 73
17. 시간 이동 ........................................... 77
18. 모두를 위한 우주 ................................... 81

**안녕! 호킹!** ............................................ 84
**우주 용어사전** ........................................ 87

## 정말 궁금해!

- 갈릴레이와 호킹은 쌍둥이? ................................ 12
- 블랙홀은 어떻게 생겨났을까? ............................ 16
- 뉴턴의 만유인력의 법칙은? ................................ 20
- 빅뱅은 어떻게 시작되었을까? ............................ 24
- 먼 은하에서 오는 붉은빛의 정체는? ................. 28
- 무시무시한 냉전 시대란?! ................................... 32
- 호킹을 괴롭혔던 병의 정체는? .......................... 36
- 우주는 계속해서 팽창할까? ................................ 40
- 블랙홀은 특이점을 갖고 있다는데? ................... 44
- 빅뱅의 증거를 알아볼까? .................................... 48
- 우주에서 오는 신비로운 신호는? ....................... 52
- 우주에서 관측되는 이상한 현상은? ................... 56
- 갈릴레이는 어떻게 명예를 회복했을까? ........... 60
- 양자역학은 어떤 발견을 했을까? ....................... 64
- 호킹은 어떻게 건강의 위기를 이겨냈을까? ...... 68
- 허블 망원경은 어떤 활약을 했을까? ................. 72
- 블랙홀이 별을 빨아먹는다는데 사실일까? ....... 76
- 우주는 하나가 아니라 무수히 많다는데? ......... 80

## 이 책의 내용을 소개합니다

안녕! 난 호킹이야.
내가 바로 이야기를 들려줄
주인공이지.

런던에서 보낸
어린 시절 이야기.

내 인생의 동반자, 친구들
그리고 별을 향한 열정.

끔찍한 질병과 싸운 투쟁기.
옥스퍼드, 케임브리지, 칼텍 대학

그리고 소립자와 우주의 특이한 점을 쫓던 내 동료들.

블랙홀과 관련한 내 발견…

…그리고 빅뱅의 엄청난 미스터리.

마지막으로 작지만 근사한 우주 용어사전.

## 호킹의 우주

## 갈릴레이와 호킹은 쌍둥이?

현대 천문학의 아버지 갈릴레오 갈릴레이는 1642년 1월 8일에 피렌체 근처의 아르체트리에서 사망했어요.
갈릴레이는 최초로 망원경으로 하늘을 보고 코페르니쿠스가 옳다는 것을 증명한 사람이에요. 지구가 태양을 돌고 있고 그 반대가 아니라는 사실을 보여준 사람이지요. 갈릴레이는 하늘에서 발견된 모든 것이 수학 법칙을 따르고 있다고 말했어요.

호킹은 정확히 300년 후인 1942년 1월 8일, 역사상 가장 큰 전쟁이 한창일 때 태어났어요. 호킹도 꼬집어 말했듯 그것은 그냥 우연이었지요. 하지만 지금 우리 행성과 우주에 관해 질문하고 생각하는 종들이 살고 있다면 그런 놀라운 우연이 끝없이 이어지는 것에 감사해야 하겠지요.

## 1. 나, 스티븐 호킹!

런던에 오신 것을 환영합니다! 모두 안녕! 난 호킹이야. 그 당시의 상황은 지금의 런던이랑은 확실히 달랐어. 전쟁이 막 끝난 때라 많은 것들이 사라졌고 우리 집뿐만 아니라 이웃들도 여전히 폭격에 대한 불안감을 느끼고 있었지.

우리가 사는 곳에는 아무 일도 일어나지 않았지만, 어머니는 폭격이 일어나지 않은 옥스퍼드에서 나를 낳고 싶어 했어. 내 절친은 우리 이웃에 살던 하워드였어.

나는 하워드가 진짜 좋았어. 하워드는 공립학교에 다녔는데 좀 지나치게 먹물인 우리 부모님과 달리 운동에 관해서도 잘 아는 친구였지. 나는 하워드 덕분에 소소한 모험을 자주 할 수 있었어.

아버지 프랭크는 의사이자 과학자였어. 아버지는 열대병 전문가로 옥스퍼드 대학에서 공부했고 모기와 그 밖의 다른 끔찍한 기생충을 찾아 아프리카를 여행했지.

어머니 이소벨 아일린도 옥스퍼드에서 공부했어. 옥스퍼드는 영국 최고의 대학이야.
하지만 우리 집은 부유하지 않았어. 나라의 경제상황도 좋지 않을 때였지. 아버지는 모든 것을 절약했어. 심지어 집안에서 쓰는 물건이나 내 장난감을 사는 데도 돈을 아꼈다니까.

내가 가장 바랐던 선물은 전기 기차였지만
그때까지 내가 받은 유일한 선물은
중고 깡통 기차뿐이었어.
깡통 기차는 용수철로
움직였는데 아버지가 직접
수리한 것이었지.

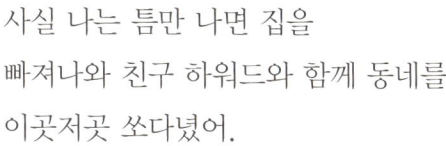

사실 나는 틈만 나면 집을
빠져나와 친구 하워드와 함께 동네를
이곳저곳 쏘다녔어.

하워드와 나는 폭격으로 돌무더기만 남은 현장에서 자주
놀았어. 그중 제일 좋아했던 장소는 V2 때문에 생긴 커다란
구멍이었어. V2는 전쟁 때 런던에 떨어진 많은 미사일 중
하나였지. 그때는 언젠가 내가 그 구멍보다 훨씬 더 크고
어마어마하게 흥미로운 구멍을
다루게 되리라곤 상상도
못 해봤어.

## 블랙홀은 어떻게 생겨났을까?

이 별들은 '암흑성'이라 불려요.
아마 우리가 볼 수 있는 별들보다 훨씬 더 많을 거예요.
천억 개도 넘지요.
그리고 우리 은하계에만 존재하지요.
암흑성은 폭발 뒤 그대로 주저앉은 죽은 별들이에요. 암흑성이 지닌 중력은 너무나 강력해서 자체 영향권 안에 들어오는 것은 뭐든지 끌어당긴답니다. 심지어 빛조차 빠져나갈 수 없어요. 암흑성이 우리 눈에 보이지 않는 이유가 바로 이 때문이랍니다.
1971년까지 우주에서 암흑성의 존재는 그저 이론적인 가능성 정도일 뿐이었어요.
그때까지는 아무도 암흑성을 '블랙홀'이라 부르지 않았지요.
블랙홀이라는 용어를 만든 사람은 미국의 물리학자 존 아치볼드 휠러였어요. 그는 1967년 학회에서 '중력권에서 볼 때 완전히 주저앉은 물체들'에 관해 듣는 것이 지긋지긋하다는 한 관중의 말을 듣고 이 용어를 사용하기 시작했답니다.
바로 그때부터 블랙홀은 전 세계 공통 언어로 쓰였고 책과 공상과학영화에도 등장하게 되었지요.

## 2. 별들은 내가 자라는 모습을 지켜보았어

언제 처음으로 블랙홀 이야기를 들었는지 기억이
나지 않아. 아마 별들이 어떻게 죽어서 암흑성이
되는지 보여주는 몇몇 그림책에서 봤을 거야.
하지만 생각해보면 이상한 나라의 앨리스도
웃기는 토끼를 쫓다가 블랙홀에 빠져 결국
환상의 나라로 가게 되잖아.

우리 집에는 책이 부족했던 적이 없었어.
우리 가족은 책을 정말 많이 읽었거든.
어머니와 아버지는 항상 책을 읽었는데 심지어
식사하면서도 읽었을 정도야. 하지만 나는 읽는 법을 꽤 늦게
배웠어. 맞아. 진짜 창피한 일이지.
하지만 '바이런 하우스' 학교에서는 그리 심각하게 취급하지
않았어. 그곳은 지능이 높은 아이들을 위한 혁신학교였어.
내가 보기에는 학교에서 가르치는 것이 거의 없었는데도 우리
부모님은 그 점을 아주 만족해했지.

여동생 메리는 나랑 18개월
터울로 태어났어. 메리는
네 살 때부터 글을 술술
읽었어. 막내 여동생
필리파는 우리 중 최고였지.

아홉 살 때는 반에서 꼴찌었어.
그래도 내 친구들은 나에게
'아인슈타인'이라는 별명을
붙여주었지.
그중 두 명은 내가 나중에
유명한 사람이 될지 안
될지를 놓고 내기까지 했어.

내가 어렸을 때는 컴퓨터나 비디오 게임뿐만 아니라
텔레비전조차 접하지 못했어. 언젠가 그런 것들이 집집마다
있으리라곤 상상도 할 수 없었지. 시간이
있을 땐 라디오, 손목시계, 장난감같이
내가 분해할 수 있는 모든 것을
열어보고 해체하면서 시간을 보냈어.
내 비밀 하나 알려줄까? 사실 난 내가
해체했던 물건들을 대부분 다시 조립할
수가 없었어.

마침내 진짜 전기 기차를 갖게
되었어! 밤에 전기 기차를 갖는
꿈을 꿨지. 특별한 날마다 받은
돈으로 직접 샀는데… 망할!
기차가 작동이 안 되는 거야.

새 친구가 두 명 생겼어.
반 친구 존과 로저.
나는 존과 함께 모형 배와
비행기를 만들었어. 나와
달리 존은 진짜 손재주가
뛰어났지. 이게 모두 존의
집에 있던 것들이야. 존의 아버지는
집에 작업실까지 갖추고 있었어. 덕분에 우리는 연장을 쓸 수
있었지.

반면에 로저와는 주로 함께 보드게임을 하며 시간을 보냈어.
나는 전쟁, 경제, 역사와 관련한 새로운 게임을 만들어내기도
했어. 이런 게임들을 하면서 세상과 전체 우주가 어떻게
돌아가는지 알고 싶다는 바람이 더 커졌지.

## 뉴턴의 만유인력의 법칙은?

1666년, 런던에 전염병이 극성을 부리는 사이 역사상 가장 유명한 사과가 젊은 아이작 뉴턴 옆으로 떨어졌어요. 뉴턴은 그 사과를 봤어요. 그런 다음 달을 쳐다봤지요.

전설처럼 전해오는 이야기에 따르면 뉴턴은 바로 거기서 모든 물체, 위성, 행성 그리고 사과가 서로 끌어당긴다는 만유인력의 법칙을 생각해냈어요. 덩치가 더 클수록 끌어당기는 힘은 더 커져요. 그리고 거리가 멀어질수록 끌어당기는 힘은 더 약해지지요. 뉴턴은 만유인력의 공식도 만들었는데 이는 별들과 행성과 우리 지구 사이에 어떤 일이 일어나고 있는지 알려준답니다.

뉴턴의 만유인력의 법칙은 우주 곳곳에, 심지어 가장 먼 은하계까지도 적용이 돼요. 다만 소립자들(물질을 구성하는 가장 기본이 되는 요소 – 옮긴이) 사이의 극도로 작은 곳과 우주가 탄생했을 때처럼 '단 하나'만이 존재하는 상황에서는 적용되지 않아요.

## 3. 하늘은 어떻게 생겨났나요?

시골에서는 별들을 더 쉽게 볼 수 있어.

우리는 런던 북부의 세인트 올반스라는 마을에서 커다란 빅토리아 시대 저택에 살게 되었어. 복구해서 근사한 집이었지만 끊임없이 수리를 해야 했지. 주로 아버지는 직접 수리하고 싶어 했어. 하지만 늘 결과는 그리 훌륭하지 못했지.

아버지는 중앙난방을 설치하지 않았어. 그래서 집에 있을 때면 목도리를 두르고 스웨터를 입고 그 위에 가운까지 겹쳐 입고 있어야 했지. 그 모습이 온화해 보였어.

아버지는 항상 돈을 아끼려 했기 때문에 새 차 대신 낡은 런던 택시를 샀어.

21

우리는 아버지가 집시들한테서 산 마차에서 여름휴가를 보냈어.
아버지는 마차를 웨이머스에 있는 남부 해안 야영지에 주차해
두었지. 아버지는 캠핑용 침대, 주방, 텐트, 그 밖에도 전쟁으로
남은 물건들을 헐값으로 사서 마차에 채워 넣었어. 진짜 멋진
휴가였어. 친구들에게 말했더니 친구들 눈이 휘둥그레질
정도였다니까.

그건 그렇고. 세인트 올반스에서 나는 학교를 여러 번 옮겼어.
처음에 부모님은 나를 여자고등학교에 등록시켰지. 웃지 마.
열 살 이하인 남학생은 받아주는 학교였다고. 게다가 나는
항상 여학생들과 사이가 좋았어.

그러다 나는 스페인의 마요르카
섬에서 방학을 보냈어.
아버지가 일 때문에 아프리카로
가는 바람에 어머니는 사랑하는
친구들 곁에서 지내기 위해
이곳에 오고 싶어 했지.

마요르카에서 어머니는 과외 선생님, 즉
나만을 위한 선생님을 찾아주었어.
그 선생님은 진짜 별로 가르치는 게
없었어. 성경을 하루에 한 챕터씩 읽게
하고는 다 읽고 나면 가버렸지.
안타깝게도 축제의 시간이 끝나버렸어.
우리는 세인트 올반스로 돌아왔고 그곳에선 중학교가 날
기다리고 있었지.
고등학교에 갈 때가 되자 아버지는 직장 동료의 자식이 다니는
사립학교에 나를 입학시키고 싶어 했어. 하지만 고등학교
입학시험 때 내가 병에 걸리고 말았지. 그러다 보니 중학교
졸업 후 세인트 올반스에 있는 일반 고등학교에 가게 되었어.
사실 나는 아무 상관도 없었어.

나는 친구가 여섯 명 있었어. 우리는
종교, 무선 모형, 공상과학 소설,
초심리학, 여자애들 얘기까지 전부
다 하는 사이였어. 우리는 우주의
기원에 대해 궁금해할 때가 많았어.
진짜 질문거리가 너무 많았지. 우주는
어떻게 시작되었나? 신이 꼭 개입할 필요가 있었나? 우리는
이런 주제에 푹 빠져 있었어. 아마 신문과 라디오에서 원자와
별 그리고 세상에 존재하는 모든 것들을 만들어낸 어마어마한
폭발인 빅뱅 이야기를 언급하는 일이 점점 더 많아져서 그랬을
거야.

# 빅뱅은 어떻게 시작되었을까?

'빅뱅'이라는 용어를 만들어낸 사람은 천문학자이자 물리학자이자 공상과학 소설가인 프레드 호일 교수였어요. 라디오 방송 중에 빅뱅을 언급했는데 사실은 조롱하는 의미로 사용한 용어였지요. 그때가 1949년이었고 그 날부터 빅뱅은 인류 역사의 한 부분으로 자리 잡았답니다. 빅뱅이 무려 137억 년 전 벌어진 일이었는데도 말이지요.

우주가 모든 것이 모여 있는 한 점에서 시작되었다는 아이디어는 몇 년 전으로 거슬러 올라가요. 1931년, 벨기에의 물리학자이자 신부인 조지 르메트르가 제안한 아이디어였지요. 르메트르 신부는 빅뱅이 성경에서 말하는 천지창조의 시작과 너무나 비슷해 보여 아주 당황했어요.

그 전에 러시아 물리학자 알렉산드르 프리드만은 아인슈타인의 공식을 사용해 우주가 팽창하고 있다는 사실을 보여주었지요. 사실 프리드만의 이야기에 귀 기울이는 사람은 거의 없었어요. 심지어 아인슈타인조차 그 주장이 불가능하다고 생각했지요. 하지만…

# 4. 실수에서 배우기

우리 부모님은 세인트 올반스에 친구가 별로 없었어.

반면에 나는 꽤 많은 친구들이 있었지. 학교 친구 외에도 우리 집에서 8킬로미터 떨어진 곳에 사는 사촌 동생 사라가 있었어. 나는 자주 자전거를 타고 사라를 만나러 갔어.

나는 열다섯 살에 33rpm 축음기를 직접 만들었어. 1957년이라 가게에서 축음기를 사려면 돈이 많이 들 때였지. 나는 다양한 부속품과 구형 모델 케이스를 구매했어. 진짜 놀라운 일은 그게… 작동했다는 거야! 아버지가 정말 기뻐했어. 특히 돈을 절약할 수 있어서 더욱 기뻐했지. 그 뒤 나는 태어나서 처음으로 음반을 샀어. 브람스의 바이올린을 위한 콘체르토. 친구가 추천해줘서 샀는데 처음 들었을 때 난 좀 당황했어.

하지만 곧 좋아졌지. 이후로도 계속 정말 즐기면서 들었어. 브람스의 바이올린을 위한 콘체르토는 내 인생의 사운드트랙 중 하나가 될 거야.

우리 학교에는 진짜 좋은 수학
선생님이 있었어. 타타 선생님.
그러다 보니 나는 수학을 좋아하게
됐지. 그렇다고 모두 다 나처럼 수학을
좋아하게 됐다는 말은 아니야.

하지만 무엇보다 과학에 관심을 두게 된 것은 아버지
덕분이었어. 나는 자주 밀힐 국립 의학연구소에 아버지를
보러 갔어. 아버지는 연구실 문을 활짝 열어주었지. 그곳은
말라리아와 각종 열대병을 옮기는
모기를 배양하는 곳이었어.
아버지가 현미경을 쓰게 해줬을
때 얼마나 기뻤는지 몰라.
하지만 난 항상 마음이 좀
불편했는데 그곳에 자유롭게
돌아다니는 모기들이 무섭기
때문이었지.

아버지는 내가 나중에 의사나 생물학자가 되기를 바랐어.
하지만 나는 물리학에 끌렸지. 학교에서 배우는 물리학은 너무
시시하고 지루했어. 그 대신 나는 별과 원자를 다루는 물리학이
좋았어. 물리학은 우주의 기원에 관한 중대한 질문들에 답할
수 있을 거라는 희망을 주는 학문이야. 오늘날의 가장 놀라운
발견들도 물리학에서 나왔지.

나는 먼 은하에서 오는
빛의 스펙트럼이
붉은빛을 띤다는 글을
읽었어.
이것은 도플러 효과라 불리는
현상 때문에 일어나지.
소리에서도 도플러 효과로 모든
것을 증명할 수 있어. 이를테면
사이렌이나 기차 소리에서 나오는 주파수는 그 근원지가
가까워지면 증가하고 멀어지면 줄어들지.

빛의 경우도 똑같아. 먼 은하에서 오는 빛의 주파수는 줄어드는
것처럼 보이고 붉은빛으로 이동하는 현상이 관찰되지. 은하가
멀어지고 있다는 뜻이야!
반대로 가까워지고 있다면 우리 눈에는 파란빛으로 보일 거야.
하지만 나는 나만의 아이디어를 생각해봤어. 정말 개인적인
아이디어지. '빛이 먼 길을 오다 보니… 피곤해서… 빨개졌다.'
말도 안 되지. 하지만 우주만큼 큰 실수야 누구나 하는 거잖아.

27

# 먼 은하에서 오는 붉은빛의 정체는?

먼 은하에서 오는 빛의 이동(적색이동)은 캘리포니아의 패서디나 근처에 있는 윌슨 산 천문대의 설립자이자 관리감독이자 천문학자인 에드윈 허블이 발견했어요.

허블은 관측으로 은하가 멀어지고 있음을 보여주었어요. 1929년에는 동료 밀턴 휴메이슨과 함께 은하들이 얼마나 멀리 떨어져 있는지 계산할 수 있는 공식을 만들어냈어요.

그의 발견은 빅뱅이론이 옳다는 사실을 증명하는 근거로 알려져 있어요. 아인슈타인은 허블의 발견을 접한 뒤 자신의 공식을 바꿔야 했지요. 아인슈타인은 우주가 고정되어 있고 움직이지 않는다고 확신했고 자신의 입장을 뒷받침하는 '상수'도 발표했었지요.

## 5. 나는 이제 옥스퍼드에 있어

이건 아버지가 정말 바라던 일이었어. 아버지에게는 자존심 문제였지. 나는 옥스퍼드 대학에 입학했어. 영국에서 제일 좋은 대학에 입학한 거지.

옥스퍼드 대학은 나라를 이끄는 지도자들, 기업을 운영하는 경영자들, 존경할 만한 과학자들을 '배출'했어. 열일곱 살에 나는 장학금을 받고 입학했어. 그런데 동기들이 모두 나보다 나이가 많은 데다 그중 대부분이 이미 군대를 제대해서 정말 깜짝 놀랐어.

아버지가 못마땅해하신 점은 우리가 여기서 공부를 진짜 별로 하지 않는다는 거였어. 그러니까, 공부를 최소한으로 해도 될 만큼

똑똑해야 한다는 의미이기도 했지. 우리 동기들 사이에서 공부만 하는 모범생들은 이미지가 진짜 좋지 않아서 '칙칙한 샌님'이라 불렸어. 나는 아주 적응을 잘 해서 하루에 한 시간 이상 공부하지 않았지. 다 좋았지만 시간을 낭비하다 보니 시험 성적이 형편없어지는 위험성이 있긴 했어.

첫해에는 아주 외로웠어. 하지만 곧 친구들을
많이 사귀었지.
여기 봐. 조정팀 친구들과 함께
있어. 나는 주목받는 자리에
서는 걸 전혀 꺼리지 않지.

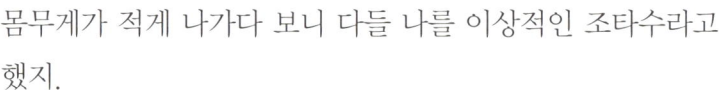

나는 우리 학교에서 가장
전통 있는 스포츠인 조정팀에
들어갔어. 목소리가 크고
몸무게가 적게 나가다 보니 다들 나를 이상적인 조타수라고
했지.

사실 내 첫 경주는 정말 처참했어. 우리 팀은 실격하고 말았지.
하지만 어느 누구도 내 탓을 하지 않았어. 나는 깨달았지. 내게
친구들이 생겼다는 걸.

그중 몇 명은 투철한
평화주의자였어. 내
생각도 그 친구들과
같았어. 한창 냉전
시대였으니까.

그 엄청난 세력들은
우리 행성을 네댓 번은 충분히 부숴버릴 원자폭탄을
만들어냈지. 나는 시위현장에 갔고 다양한 학생 활동에
참여했어.

어느 날 밤, 다리 위에 현수막을 걸고 있던 우리는 경찰 때문에
깜짝 놀랐어. 몇몇 동료들이 도망가다가 체포되었지.
나는 날이 샐 때까지 다리 밑에 숨어 있었어.

## 무시무시한 냉전 시대란?

호킹이 학생이던 시절은 한창 '냉전 시대'였어요. 세상이 거의 대립하는 두 진영으로 나누어졌지요. 미국이 이끄는 서방국가와 소비에트연합이 이끄는 사회주의 국가로 각각 분리되었어요.

두 거대한 세력은 핵무기로 서로를 위협했어요. 핵무기는 대기권, 사막, 바다 깊은 곳에서 무시무시한 실험을 거쳐 점점 더 강력해졌어요.

전쟁의 위험을 알리는 데 가장 적극적이었던 사람들은 과학자와 학생들이었어요.

1963년, 협정이 체결되어 협정서에 서명한 국가들은 핵무기 실험을 하지 않기로 합의했어요. 하지만 핵 분쟁의 위험성은 아주 조금 줄었을 뿐이었지요.

# 6. 졸업!

즐거웠던 4년이 지나갔어. 시간이 순식간에 흘러가버렸지! 나는 공부를 열심히 하지 않았지만 모든 시험에서 좋은 성적을 거뒀어. 나는 학교 위원회에서 인정한 수석으로 자연과학대를 졸업했지. 어떻게 보면 내가 학교 위원회를 위협한 셈이었어. 만약 위원회에서 나한테 낮은 점수를 줬더라면 나는 옥스퍼드에 남아 다음 학위를 하며 연구를 계속하다가 케임브리지에서 일을 시작했을 테니까.

사실 난 옥스퍼드에서 공부하는 것도 괜찮았어. 하지만 당시 그곳에선 소립자나 우주론을 다루거나 내가 탐구하고 싶던 그 두 분야를 연구할 수가 없었어. 그래서 나는 바로 '빅뱅'이라는 용어를 만들어낸 프레드 호일 교수가 있는 케임브리지 대학의 장학금에 지원했지. 비록 프레드 호일이 빅뱅이론을 전혀 믿지 않긴 했지만 말이야.

옥스퍼드에서 나의 목표는 한 가지뿐이었어. 뉴턴과 찰스 다윈이 다녔던 대학인 케임브리지에서 공부하기 위해 빨리 졸업하는 것이었지.

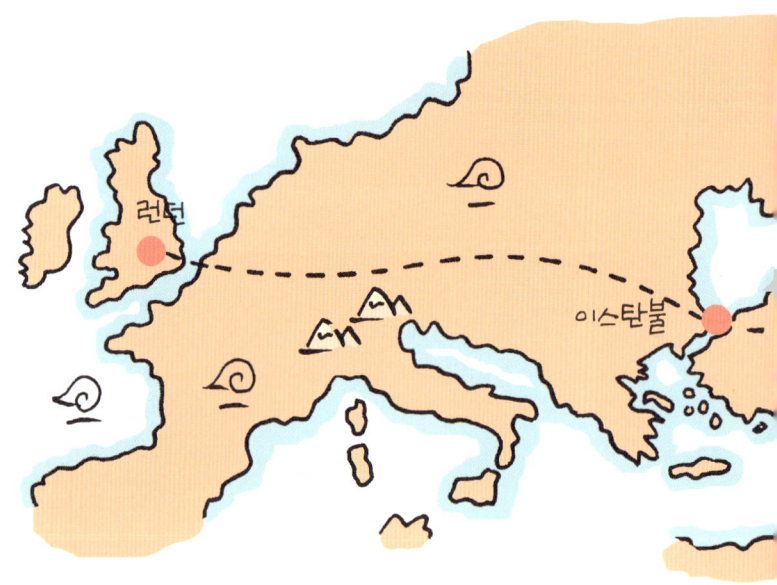

나는 4학년 때 시험을 모두 치르고 나서 나를 위해 근사한 여행을 계획했어. 선택할 만한 여행지는 많았지만, 최대한 멀리 떨어진 곳을 골랐지. 페르시아!
대학 측에서 이런 진취적인 계획을 장려하다 보니 여행자금을 조금 지원해줬어. 나와 모험을 함께할 친구는 존이었어.

우리는 기차를 타고 이스탄불로 갔다가 아라라트 산으로 갔지. 그리고 오리며 닭으로 가득 찬 버스를 타고 테헤란으로 갔어. 마침내 우리는 2,300년 전, 알렉산더 대왕이 무너뜨렸던 신화적 도시 페르세폴리스에 도착했어! 돌아오는 길에 전체 도시를 초토화하고 12,000명의 사람을 죽음에 이르게 한 지진에 휘말렸지만, 다행히 나는 괜찮았어. 대신 다른 문제를 겪었지만.

넘어지는 바람에 갈비뼈가 부러진 거야. 사실 나는 정말 자주 발을 헛디뎌 넘어졌어. 손을 사용하는 데 어려움을 겪었고 점점 더 행동이 서툴러졌지. 정말 이상했어.

## 호킹을 괴롭혔던 병의 정체는?

호킹의 미래를 위협하는 무시무시한 일이 생겼어요.
호킹은 희귀하고도 무자비한 병을 앓게 되었지요.
많은 이름이 있지만, 그중 ALS, 즉 근위축성측색경화증으로 가장 잘 알려져 있어요. 신경계(운동신경세포)와 뇌에 작용해 근육과 움직임을 직접 혹은 간접적으로 조종하는 병이에요.

ALS는 그 대상을 가리지 않아서 남녀노소든 야구선수든 독서광이든 누구나 걸릴 수 있어요. 이 병은 전신 마비로 이어져 대부분의 경우 이른 죽음을 맞게 되지요. 호킹의 운명은 이미 정해진 것 같았어요. 하지만 그렇지가 않았지요.

## 7. 제인을 만나다

케임브리지 대학에서 연구자로서, 과학자로서 밝은 미래가 나를 기다리고 있었어. 나는 진짜 행복했지.

하지만 크리스마스 연휴에 내가 넘어지는 모습을 본 어머니가 전문의를 만나자고 했어.
그 뒤로 다른 의사, 또 다른 의사, 또 다른 의사들을 만났지.
진단 결과는 예상과 달리 끔찍했어.

근위축성측색경화증이었어. 살 수 있는 시간이 2년 반뿐이었어!
세상이 나를 향해 돌진해왔어.
실제로 무너지고 있는 건 나였지.
나는 별을 바라봤어. 그리고 내게 남은 시간을 생각해봤지.

절망에 빠진 나날을 보냈어. 그러다 나는 포기하지 않겠다고 마음먹었어. 최선을 다해 남은 시간을 보내겠다고. 정말 얼마 남지 않았다 하더라도 말이야. 그 시간 동안 공부에 전념할 뿐만 아니라 여자 친구도 만들어보기로 했어. 그리고 운 좋게도 나는 대학 파티에서 제인을 만났지.

제인은 내 농담에 웃어주었어. 진짜 다정하고 친절했지. 그리고 나보다 몇 살 어렸어. 제인은 문학을 전공했는데 우리는 공통점이 많았어. 내가 행복한 청소년기를 보냈던 세인트 올반스에서 태어나고 자란 제인은 우리 부모님을 알고 있었고 내 여동생들이랑 같은 학교를 다녔지.

제인에게 단점은 없었냐고?
체스랑 크로케(잔디 구장에서
나무망치로 공을 치며 하는
구기 종목 – 옮긴이)를 할 줄
몰랐지만, 전혀 상관없었어.

나는 제인이랑 정말 행복한 시간을 보냈어! 우리는 함께 외출하고 함께 밥을 먹었어. 무한대에 관해 이야기하고 함께 별들을 바라봤어.

우리는 함께 공연장에도 갔어. 제인은 댄스 공연을 좋아하고 나는 좋아하지 않았는데도 말이야. 그러니까 간단히 말해서 제인은 나를 사랑하고 나는 제인을 사랑했어.

당시에는 나중에 제인이 쓴 책 중 하나를 바탕으로 우리에 관한 이야기가 영화로 만들어지리라곤 상상도 못 했지. 그 영화는 심지어 오스카상까지 받는다니까! 그리고 제인은 자신의 가장 큰 경쟁자가 바로 물리학이었다고 말할 거야.

언젠가 나는 내게 있어 우주의 가장 큰 미스터리는 결국 블랙홀이 아니라 여자들의 머릿속을 스쳐 가는 생각이었다고 말하게 될 거야.

## 우주는 계속해서 팽창할까?

호킹은 자신이 가장 중요하게 여기는 연구를 할 수 있다는 이유로 케임브리지 대학을 선택했어요. 바로 우주의 탄생과 진화에 관한 연구였지요.

호킹은 수학을 이용해 연구를 했어요. 알버트 아인슈타인의 공식이 그 시작이었지요. 아인슈타인의 공식을 이용하여 호킹은 공간, 시간과 전체 우주에 관한 새로운 시각을 이끌어냈어요. 우주가 더 이상 고정되어 있지 않고 계속해서 팽창한다는 이론이었지요.

우주가 팽창한다는 데 모두 뜻을 함께한 것은 아니었어요. 심지어 빅뱅이라는 용어를 만들어낸 프레드 호일 교수조차 그런 시각을 받아들이지 않았지요.

## 8. 케임브리지의 우주론자

나는 걷기가 힘들어서 지팡이의 도움을
받아야 했지. 어쨌거나 뉴턴이 가르치고
다윈이 공부했던 캠퍼스를 걷는다는
건 정말 신나는 일이었어.
거기서 장학금을 받아가며
박사학위를 마치거나 대학에서
받을 수 있는 가장 높은 수준의
교육까지 다 받을 생각이었지.

나는 프레드 호일 교수와 함께하고 싶었지만, 학교 측에선 나를
호일 교수의 동료인 데니스 시아마 교수에게 배정해버렸어.
유감스러웠지만 오히려 더 낫다는 생각도 들었어. 호일 교수는
항상 학회며 회의에 참석하거나 텔레비전에 출연하러 다녔거든.

시아마 교수는 여러 가지 흥미로운 아이디어를 갖고 있었어.
일례로 그는 모든 물체가 우주에 존재하는 나머지 다른 물체에
관성을 빚지고 있다고 주장했지.

실제로 시아마 교수는 우리가 소파에
앉아 과자를 먹고 있을 때도 가장
멀리 있는 별들의 영향을 받는다고
말했어. 당시 케임브리지에서는
소립자에 관한 관심이 뜨거웠지만
아무도 빅뱅을 다루고 싶어 하지는
않았어.

케임브리지에서 내가 맡은 임무
가운데 수학을 가르치는 일도
있었어.
옥스퍼드에 다니는 동안 수학
공부를 거의 하지 않았던 탓에
학생들을 위해 수업을 준비하면서
공부해야 했지. 더 많이 알아갈수록 수학이
얼마나 강력한 힘을 발휘하는지 깨달을 수 있었어.

나는 중력에 관한 논문을 써서 상금 100파운드를
땄어. 우리는 상금과 제인이 모아뒀던 돈을
합해 차를 샀어. 빨간색 미니라는
차였지. 운전은 주로 제인이
했어. 제인 말로는 내가 미친
듯이 운전하기 때문이라나.

그 차는 일종의 결혼 선물이었지. 그래, 맞아. 제인과 나는
결혼했어. 진짜로! 나는 결혼식과 관련한 모든 복잡한 절차를
피하고 싶었어. 결혼할 당시 나는 내 미래에 관한 걱정은 거의
하지 않았어.

그런 다음 우리는 미국으로 갔어.
진짜 신혼여행은 아니었어. 사실 뉴욕의 이타카에 있는 코넬 대학에서 열리는 여름학교에 간 거였거든.
코넬 대학은 창립 100주년을 기념하고 있었어.
온 세상의 물리학자들이 아내들과 떠들어대는 아이들까지 데리고 거기서 모임을 가지는 듯했어. 제인은 정말 싫어했지만 나는 흥미로운 동료들, 특히 로저 펜로즈 같은 인물과 친구가 될 기회를 얻었지. 펜로즈는 수학자였는데…
물리법칙이 전혀 적용되지 않는 우주의 어떤 부분, 즉 특이점을 다루었어. 그는 블랙홀이 바로 특이점이라고 했어. 우리는 친구가 될 거라는 확신이 들었지.

## 블랙홀은 특이점을 갖고 있다는데?

호킹이 펜로즈를 만났을 때 블랙홀은 하나의 가설일 뿐이었고, 이 신비한 우주 물체를 연구할 수 있는 방법은 오직 수학뿐이었어요. 펜로즈 교수에 따르면 블랙홀은 특이점을 형성하는데 특이점은 중력이 너무나 강력해서 물리법칙이 적용되지 않는 곳을 말해요.

특이점에서는 시간이 멈춰 있어요. 시곗바늘이 절대 한밤중을 가리키지 않지요. 블랙홀 안에서 물질의 밀도는 한계가 없어져요. 심지어 원자들조차 우리가 아는 그 원자가 아니에요. 실제로 더 이상 거기 존재하지 않지요.

## 9. 블랙홀에서 빅뱅까지

한편, 프레드 호일 교수처럼 정적 우주론을
지지하던 사람들은 점점 자신들의 입장을
유지하기가 힘들어졌어. 전파 망원경에서조차
우주가 팽창하고 있다는 사실이 확인되었지.
우리 은하의 바깥에서 오는 신호에 따르면 모든
은하가 무한한 밀도를 지닌 한 지점에 모여 있었지.
그러니까 내 친구 펜로즈가 말하는 특이점에 모여 있다는
말이야. 그래서 나는 그의 공식을 사용했어. 나는 그 공식을
양말처럼 뒤집어서 우주가 한 특이점에서 탄생했음을 증명했지!

나는 이 증명을 박사학위 논문에
실었어. 내가 호일 교수의
학생이 아니어서 다행이었지.
안 그랬으면 호일 교수를
정말 화나게 만들었을
테니까!

나는 펜로즈와 함께 우주의 특이점에 관한 연구로 애덤스 어워드를 수상했어. 애덤스 어워드는 수학적인 계산 덕분에 가능했던 명왕성의 발견을 기념하는 상이야.

내 지도 교수인 데니스 시아마가 얼마나 기뻐했는지 몰라. 우리는 모두 플로리다의 마이애미에서 열리는 대규모 학회에 갔어. 내가 참석하자 많은 사람이 관심을 보였고 신문이며 텔레비전에서 그 소식을 보도했지. 하지만 안타깝게도 그날 밤 나는 진짜 심하게 쓰러지고 말았어. 그 사건으로 나는 현실을 깨달았지. 내 병은 사라지지 않았고 더 악화되어 갔어. 나는 결국 휠체어를 사용할 수밖에 없었지.

제인과 나는 케임브리지의
리틀 세인트 메리 길
11번지로 이사했어.
그 골목은 버려진
묘지를 경계로 세워진
새 건물들에 가려진
곳이었지.
제인은 집을 잘 돌봤어.
그리고 자기 논문을

작성하면서 내 연구 내용도 기록해주었어. 제인은 방 몇 개를
하얗게 페인트칠까지 했어. 나는 제인이 없으면 어떻게 살 수
있을지 감도 오지 않았지. 우리는 내가 버는 변변찮은 연구비로
살아야 했어. 세탁기 사는 것조차 우리 예산으로는 불가능했지.

의사들에 따르면 나는 벌써 죽었어야 했어.
하지만 죽기는커녕 결혼 2주년 후 우리의 첫아기 로버트가
태어났지. 로버트가 태어난 지 얼마 지나지 않아 우리는
아기를 데리고 미국에 갔어. 시애틀에서 열리는 또 다른 학회에
초대받았기 때문이었지. 나는 점점 유명해지고 있었어.

## 빅뱅의 증거를 알아볼까?

호킹이 빅뱅에 관한 공식을 써 내려가는 동안 벨 연구소의 두 젊은 연구원, 아노 펜지어스와 로버트 윌슨은 연구소 안테나에 감지된 기이한 전파 잡음을 설명하는 데 실패했어요. 두 사람은 얼마간은 그 잡음이 연구소 시설에 둥지를 튼 새들 때문에 생긴 줄 알았어요.

하지만 그것은 우주가 탄생할 때 생긴 대폭발의 잔류 방사선이었지요. 그 잡음은 다름 아니라 빅뱅의 메아리였어요. 이런 장애는 일반 텔레비전의 채널을 제대로 맞추지 않았을 때도 발생할 수 있지요. 이 발견으로 아노 펜지어스와 로버트 윌슨은 1978년에 노벨상을 받았어요.

## 10. 우주에서 온 신호

정말 많은 안테나가 우주를 관측하고 있었지. 나는 미국의 프린스턴 대학에 있는 조셉 웨버 교수의 안테나들을 보러 갔어. 조셉 웨버는 천체물리학자야. 내 동료들 몇몇은 그 교수가 살짝 미친 것 같다고 했어. 하지만 나는 그렇게 생각하지 않았지.

조셉 웨버는 중력파를 감지하고 있다고 했어. 아인슈타인이 중력파가 존재할 거라 예견했지만 그 존재를 증명한 사람은 아직 아무도 없었지. 조셉 웨버는 아주 특별한 알루미늄 실린더로 중력파를 엄청 많이 잡아냈다고 했어.
실제로 매일매일 중력파를 수신하고 있다고 했지.
만약 그 말이 사실이라면 우주는 충돌하는 블랙홀들로 가득 차 있어야 했어.

나는 조셉 웨버의
관측을 꼭
확인해야겠다고 단단히
다짐한 채 영국으로
돌아왔어. 그러고는
제자인 게리 깁슨과 함께
조셉 웨버의 것과 유사한

기구를 디자인했어. 우리는 디자인한 기구를 만들 전자 재료를
찾아다녔어. 벼룩시장까지 뒤졌지.
하지만 아무것도 되지가 않았어. 연구지원금은 다른 프로젝트로
넘어가버렸지. 정말 유감스럽게도 점점 더 심각해지는 내 장애
때문에 현장 연구자로서 나는 그야말로 대재앙이었어. 나는
손이 아니라 뇌만 사용해도 되는 방정식에 더 능했지. 그러다
보니 오랜 세월 동안 다른 사람들이 이 신비스러운 중력파를
찾아 나서야 했어.

50년 후인 2015년 9월 11일, 두 거대한 안테나에 두 블랙홀의
충돌로 생겨난 중력파가 감지되었어. 조셉 웨버 교수는 진짜
미치지 않았던 거야.

한편 병은 점점 더 진행되었고 나는 옷을 입고 벗는 일조차 제인의 도움을 받아야 했어.
안면 근육이 상해서 얼굴이 변형되었어. 먹고 말하기도 힘들었지.
하지만 바로 그즈음 내 딸 루시가 태어났어.
나는 갓 태어난 루시와 어린 로버트 그리고 아내 제인과 좀 더 많은 시간을 보내야 했어. 하지만 나는 학교에 가지 않을 때조차 계속해서 연구만 생각했지. 잠자리에 들 때조차 내 두뇌는 계속 활동을 했어. 이때가 내 인생에서 가장 중요한 천재성이 빛을 발하던 때였지.

## 우주에서 오는 신비로운 신호는?

이 무렵 우주에는 많은 놀라운 것들이 숨겨져 있다는 사실이 밝혀지고 있었어요.
영국인 천문학자 앤소니 휴위시와 그의 제자 조슬린 벨이 우주에서 신비로운 전파신호를 받았어요. 신호가 너무나 규칙적이어서 다들 그 신호가 지적인 외계 생명체에게서 전송되었다고 생각했지요.

환호성을 내지르며 신호를 보낸 대상을 '초록 난쟁이들(LGM)'이라 이름 지었어요. 하지만 그것은 무시무시한 속도로 돌아서 간간이 방사선을 방출하는 중성자로 이뤄진 작은 별들이었어요. 많은 사람이 실망했지만, 오랫동안 천문학자들은 계속해서 중성자별을 초록 난쟁이라 불렀지요.
그들의 발견은 호킹의 새로운 연구 결과만큼이나 대단하답니다.

## 11. 블랙홀이 증발하다!

1974년 2월, 나는 완전히 흥분했어. 그리고 내 학생들과 제인을 비롯해 내 연구 결과를 기대했던 이들도 모두 열광했지. 블랙홀은 실제로 그다지 검지 않았어! 무언가가 블랙홀의 강력한 중력을 빠져나온 거야. 블랙홀은 아주 뜨거워. 그래서 물체의 표면에서 열에너지가 전자기파로 방출되는 열복사를 일으키지. 결국엔 질량과 에너지를 잃게 돼… 블랙홀이 증발하는 거지. 수십억 년이 지나면 별의 물질은 아무것도 남지 않고 오직 방사능, 약한 형태의 에너지만 발견될 거야.

하지만 옥스퍼드 대학에 있는 동기들에게 내 연구 결과를
알리는 데는 크게 성공하지 못했어.
나는 말하기가 어려워서 거의
속삭였기 때문에 내용과 공식을
스크린에 비춰서 내용을 전해야
했지. 어떤 별이 블랙홀이 되고
블랙홀은 결국 증발해서 약한
형태의 에너지로 사라지게
된다고 말이야. 아무도 예상 못
한 결론이었지.

학회장이었던 테일러 교수가 자리에서
일어났어. 그러고는 어떻게든 내 발표를
막아보려고 했지. 진짜 심한 말도 했어.
이단… 그 악명 높던 300년 전, 갈릴레이
시대에나 썼을 것 같은 그런 말이었지. 하지만
나는 아주 잘 버텨냈어. 나는 내가 뭘 하고
있는지 잘 알았거든. 나는 우주의 역사를 다시
쓰고 있었던 거야.

내 연구 결과는 눈에 띌 수밖에 없었어. 그 덕에 나는 왕립협회 회원이 되었지.
왕립협회는 세상에서 가장 오래된 학술협회로 진짜 영국에서 가장 명성 있는 협회였지.

나는 고작 32살밖에 되지 않았어.
게다가 좋은 소식은 그뿐만이 아니었어.

패서디나에 있는 칼텍, 즉 캘리포니아 공과대학에서 온 초청장은 나를 가장 행복한 사람으로 만들어주었어. 나는 미국에서 가장 훌륭한 물리학자와 천체물리학자들과 함께 연구하고 일하게 되었어. 월급도 많아서 온 가족을 위한 큰 집과 차 그리고 최신 휠체어도 살 수 있었지!

# 우주에서 관측되는 이상한 현상은?

1970년대, 미국의 우주 연구는 아주 활발했고 많이 발전해 있었어요.
1969년, 미국이 달에 사람을 보냈기 때문에 우주 경쟁에서
소비에트연합에 앞서 있었지요.
우리 행성의 궤도를 도는 위성과 우주 정거장이 정말 많아졌어요.
위성과 우주 정거장에서는 대기권에 막혀 지구에서 감지할 수 없는
우주에 관한 정보를 모았지요.
수신되는 많은 신호 가운데 백조자리에서 나타나는 이상한 현상을
감지하기도 했어요.

## 12. 별을 먹는 물체

패서디나에서 우리 가족은 잘 지냈어. 항상 햇살이 비치고 기후가 따뜻해서 아이들은 수영장에서 마음껏 놀았지. 한 제자가 우리랑 함께 살면서 내가 움직이는 걸 도와주었어. 그 덕에 제인은 시간을 낼 수 있어서 학위논문도 쓰고 캘리포니아도 조금이나마 탐색할 수 있었지.

이곳에서는 내가 활동을 스스로 할 수 있다는 느낌이 강하게 들었어. 인도, 계단, 대학 강의실은 나처럼 장애가 있는 사람들을 위해 좀 더 접근하기 쉽게 설계되어 있었지. 당시 칼텍에서 선물해준 휠체어에는 엔진이 달려 있었어. 속도도 빠르고 다루기도 쉬웠지!

진짜 아슬아슬한 묘기도 부릴 수 있었다니까. 나는 내가 가고 싶은 곳으로 갈 수 있었고 내가 싫어하는 사람의 발을 밟아버릴 수도 있었지.

휠체어는 가벼웠어. 두세 사람 정도만 있으면 보도에서 나를 번쩍 들어 올릴 수 있었지. 그러다 보니 제인은 내 몸무게를 두고 농담을 하곤 했어.

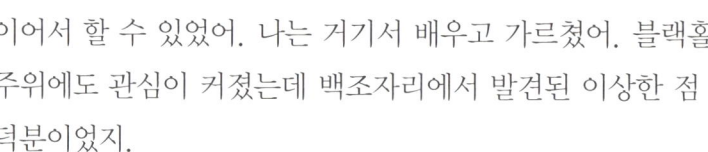

대학에서 나는 리처드 파인만과 그의 동료가 하던 소립자물리학 연구를 이어서 할 수 있었어. 나는 거기서 배우고 가르쳤어. 블랙홀 주위에도 관심이 커졌는데 백조자리에서 발견된 이상한 점 덕분이었지.
강력하고 형체가 없는 우주 물체가 믿기 힘든 일을 하고 있었던 거야. 그러니까 어떤 물체가 별을 잡아먹고 있었지.

칼텍에 있는 동안 나는 생각지도 못한
연락을 받았어. 바티칸에서 수여하는
과학적 가치를 위한 가장 영광스러운
상, 피우스 11세 메달을 받게 되었다는
소식이었지. 나는 로마에 초청받아 교황
바오로 6세에게서 직접 메달을 받았어.

그 무렵 텔레비전으로 갈릴레오 갈릴레이가 종교재판에서
자신의 생각을 부정하기를 강요당하는 모습을 본 적이 있었어.
그 상을 받지 말아야 한다는 생각이 들었지. 하지만 나는 결국
상을 받기로 했어.

갈릴레오 갈릴레이의 명예를 회복시켜줄 좋은 기회가 될 수
있을 것 같아서였지. 그의 불복종은 결코 용서받지 못했거든.
그래서 나는 온 가족과 함께 비행기를 타고 로마에 갔다 왔어.

# 갈릴레이는 어떻게 명예를 회복했을까?

갈릴레오 갈릴레이의 재판은 과학 역사에서 어두운 부분 중 하나가 되었어요. 재판은 1633년 6월 22일에 이단으로 유죄를 선고한 채 끝이 났어요.

갈릴레이는 고문과 화형대를 피하려고 지구가 태양을 돌지 태양이 지구를 도는 것이 아니라는 이론을 포함한 자신의 생각을 억지로 부정해야 했어요.

359년이 지난 1992년, 교황 바오로 2세가 이끄는 교황청 과학학술원의 회원들은 공식적으로 그 판결의 부당성과 근거 없음을 인정했어요. 그것은 또한 1985년에 학술원 회원으로 임명된 호킹 덕분이기도 했지요.

만약 호킹이 그 문제를 두고 내기를 했다면 이겼을 거예요. 호킹은 내기를 좋아하니까요.

## 13. 어마어마한 내기!

나는 친구 킵 손과 내기를 했어. 킵 손은
내가 칼텍에 오기를 바랐던 친구였어.
백조자리 X-1이라 불리는 X선 방출원에 관한
내기였지. 이제 그 모습이 확실해졌거든.
백조자리 X-1은 지구에서 6,040광년 떨어져 있어. 보이지
않는 물체로 서서히 빨려 들어가는 어마어마한 기체 껍질에
둘러싸인 진짜 커다란 별이지. 킵 손은 그 신비로운 우주
물체가 역사상 처음으로 확인된 블랙홀이라 확신했어.

나는 아니라고 했어. 마음속으로 내가 지기를 바라면서.
우리는 남성용 성인 잡지 구독권을 두고 내기를 했어. 70년대의
우주론자들은 좀 장난기가 넘쳤지! 그런데도 그 내기는 가히
역사적이었어!
만약 내가 지면 나는 대가를 기꺼이 지불할 생각이었지.

전파 망원경으로 확인이 되었어! 백조자리 X-1은 우리 태양의 네 배에 이르는 블랙홀이었던 거야. 그것은 수백 배나 더 큰 근처 초대형 푸른 별을 끌어당겨 빨아들이고 있었지.

그 주변에는 경계가 있었는데 그곳에는 우리가 알고 있는 물리학의 법칙이 여전히 적용되고 있었어. 그 구역이 바로 '사건의 지평선'이야.

하지만 내부에서 일어나는 일에 관한 정보는 접근할 수 없어. 그러니까 모두 밝혀내야 할 것들이지.

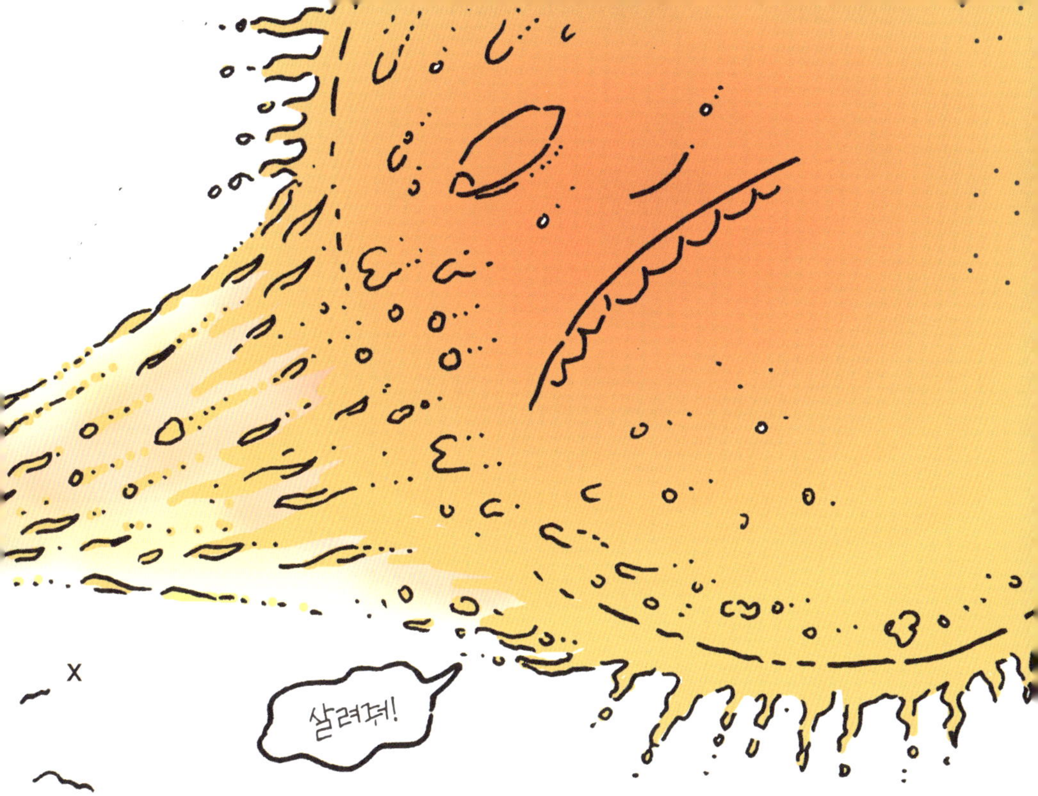

백조자리 X-1이라는 블랙홀은 서서히 그 별 전체를
삼켜버렸어. 그것은 하나의 종말론적인 우주 이벤트였어.
하지만 실제로 드문 일은 아니었지. 무수히 많은 별이 죽고
그대로 내려앉아 블랙홀이 되거든.
블랙홀은 주위에 있는 모든 것을 끌어당겨. 다른 블랙홀들과
합쳐져 점점 더 커지지. 우리 눈으로 볼 수는 없어도 그
주변에서 일어나는 현상들을 통해 블랙홀이 어디에 있는지
알아낼 수 있지.

## 양자역학은 어떤 발견을 했을까?

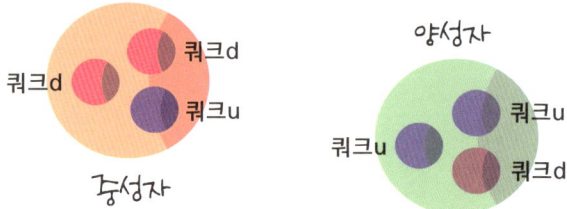

호킹이 극도로 큰 것을 다루고 있는 동안 극도로 작은 것을 다루는 양자역학에서는 진짜 흥미진진한 사실이 밝혀졌어요.
중성자와 양성자가 세 가지 (분해할 수 없는) 소립자로 구성되어 있다는 이론이 확인된 거예요. 그 소립자가 바로 쿼크예요.
원자가 다른 기초 입자와 에너지 패킷으로 분해될 수 있다는 사실이 알려진 거지요.
우리는 블랙홀 안에서 초응축된 이런 입자들을 발견할 수 있을 거예요. 이것은 알버트 아인슈타인조차 깜짝 놀랄 만한 사실이지요.

## 14. 집으로

돈 페이지는 칼텍에서 내 지도 아래 박사과정을 마무리한 학생이야. 돈 페이지와 나는 맨 처음 빅뱅이 일어났던 시기에 생겼을 아주 조그만 블랙홀들에 관해 생각해봤어.

그것들은 원자 크기만큼 작지만 온 세상을 집어삼킬 수 있는 진짜 소형 블랙홀들이 될 거야. 그리고 수조 년이 지나면 그 블랙홀들도 종말을 맞이하게 되겠지. 우리는 우리 은하계가 얼마나 많은 블랙홀을 포함하고 있는지 확인할 수 있어. 사실 그 수가 적진 않아. 하지만 걱정하지 마. 여러분 집에 바짝 붙어 있는 블랙홀은 없을 테니까.

어쨌든 나는 영국으로 돌아왔어. 미국에서의 방학은 끝났어.

나는 케임브리지의 공기에 좀 슬퍼졌어. 칼텍에서 희망찬 공기를 들이켰다면 여기선 모든 것이 더 작고 축축해 보였지. 대학 측에선 내가 더 편하게 지낼 수 있도록 우리 가족에게 대학 소유의 커다란 빅토리아 저택 1층을 제공해주었어. 위층은 학생 기숙사로 사용되었어. 그 말인즉슨, 불편한 일들이 생길 거란 말이었지. 나는 어떤 일이 벌어질지 알고 있었어. 나도 기운이 넘쳐나는 학생이었으니까! 그래도 그 집 주위로 정원이 있어서 아이들이 너무나 행복해했어.

케임브리지 대학의 가장 명망 있는 '루카스 석좌교수'로 임명되었을 때 나는 정말 기뻤어. 그 자리는 수학과의 석좌교수직으로 아이작 뉴턴이 맡았던 자리였지! 하지만 나와 제인을 더 기쁘게 해준 건 셋째 티모시가 태어난 일이었어.

연이어 상을 받았어. 1982년에는
엘리자베스 2세가 수여하는
대영제국 훈위의 지휘관으로
임명되었지만 나는 기사 작위를 받지
않았어. 내 이름 앞에 그런 작위가
붙는다는 것이 부끄러웠거든.
축하해요, 호킹 박사!

다른 문제들이 생겼어. 나는 점점 더
의사소통을 하기가 힘들어졌어. 말하는
것도 갈수록 엉망이었고 호흡곤란의 위기도 점점 더 많이 겪게
되었지. 나는 하루 24시간 내내 도움이 필요했어. 전문 간호사
세 명, 비서 한 명, 보조 한 사람이 나를 돌봤어. 그런데도 아내
제인과 가족의 도움 없이는 충분하지 않았지.

# 호킹은 어떻게 건강의 위기를 이겨냈을까?

1985년 제네바의 유럽 입자물리연구소를 방문한 사이 호킹은 폐렴에 걸렸어요. 호킹은 병원에 입원했고 인공 폐를 달게 되었지요. 호킹의 생명이 그 폐에 달려 있었어요. 호킹을 살리기 힘들다고 본 의료진은 생명 유지 장치를 떼고 호킹이 마지막을 맞을 수 있게 해줬어요.
하지만 다행히 아내 제인이 도착했지요.

제인은 호킹을 특별 수송기에 실어 케임브리지의 병원으로 데려갔어요. 그곳에선 호킹을 잘 알고 있었으니까요.
진찰 후에 의료진은 기관절개술을 실시하기로 했어요. 호흡할 수 있도록 기도에 대체용 구멍을 뚫는 수술로 정말 비용이 많이 드는 데다 성대 사용을 전혀 못 하게 돼서 목소리를 잃게 되는 수술이었어요. 하지만 호킹도 말했듯 하늘이 무너져도 빠져나갈 구멍은 항상 있게 마련이지요.

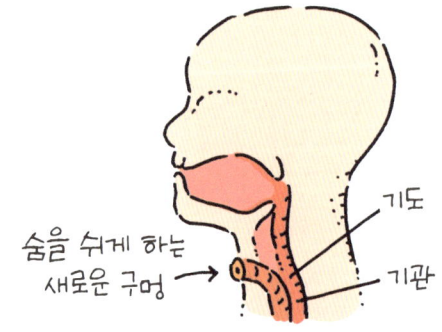

## 15. 컴퓨터 공학 만세!

전에는 웅얼거렸는데 이제는 성대를 잃어 말하는 능력이 완전히 사라져버렸어. 이건 누구에게라도 비극이겠지만 가르치거나 글을 쓰고자 하는 거의 전신이 마비된 교수에게는 더 심한 비극이었지.

문제를 해결하기 위한 첫 시도는 애처로울 지경이었어. 나는 한 자 한 자 눈썹을 치켜 올려가며 단어를 만들어보려 했어. 한 단어를 만드는 데 몇 분이나 걸렸지. 받아쓰기보다 더한 고문이었어!

그때 컴퓨터 전문가인 젊은 친구가 한 가지 방법을 제안했지. 정말 괜찮아 보였어.

월트가 준 프로그램과 컴퓨터로 나는 내 안경에 달린 센서를 사용해 단어들을 선택할 수 있었어. 센서는 볼의 움직임을 감지했지. 볼에는 내가 조절할 수 있는 근육이 아직 남아 있었거든.

결국, 또 다른 젊은 컴퓨터 전문가 데이비드 메이슨이 내 휠체어에 개인 컴퓨터와 목소리 합성장치를 부착해줬어. 내가 얼굴을 미세하게 움직여 단어를 쓰고 문장을 만들면 인공 목소리가 내 말을 대신 해줬지!

우리 가족은 정말 행복해했어!
이제 나는 분당 15개 단어 정도로 의사소통을 하고 심지어 토론까지 할 수 있었어. 특별하진 않겠지만 내가 했던 말을 불러오고 전체 문장을 녹음할 수도 있었지. 그리고 말을 반복하고 인쇄도 하고 그 내용을 모아 복잡한 연설에서 쓸 수도 있었어.

나는 여기에 아주 익숙해져서 심지어 전체적으로 놀라운 수준의 강의도 할 수 있었어.
목소리는 분명하고 거의 자연스러웠으며 살짝 미국식 악센트가 섞여 있었어. 나는 그 장치를 지적재산으로 등록까지 했어. 누군가 그 장치를 광고나 다른 목적으로 사용하려면 나에게 돈을 지불해야 하는 거지. 내가 영국의 가장 유명한 자동차 제조업체 중 한 곳에서 광고를 찍었을 때처럼 말이야.

# 허블 망원경은 어떤 활약을 했을까?

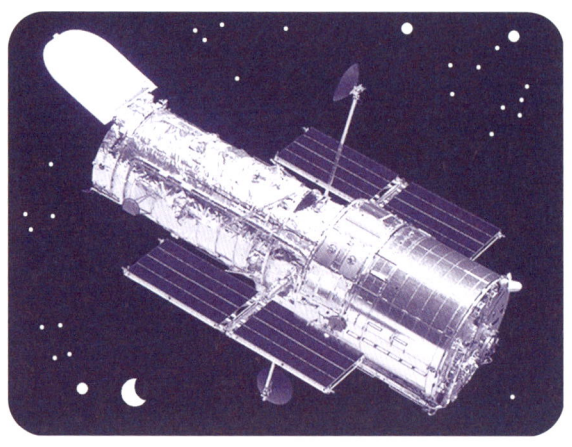

1990년, 대형 우주망원경이 궤도에 올랐어요. 에드윈 허블을 기려 허블이라는 이름이 붙였지요. 허블 망원경은 우주가 팽창하고 있을 뿐 아니라 팽창속도가 높아지고 있다는 사실도 보여줬어요. 이 발견으로 2011년, 솔 펄머터, 브라이언 슈미트, 애덤 리스는 노벨 물리학상을 받았어요.

## 16. 나는 베스트셀러 작가야!

의사소통을 가능하게 해준 그 컴퓨터는 내가 끝낼 수 없을 것 같던 일에도 도움이 되었어. 한동안 나는 나와 내 동료들이 발견한 것들을 책으로 쓰고 싶었지. 이 일은 관련된 몇 명만 알고 있었어. 사실 몇 년 전부터 써오고 있었는데 나는 그 수익으로 딸의 대학공부를 지원할 계획이었지. 그리고 우리 인간들이 무한히 크고 무한히 작은 것을 다루는 이론과 얼마나 밀접한 관련이 있는지 보여주는 책을 쓰고 싶기도 했어.

한 단어씩, 한 페이지씩, 문장이 내 컴퓨터에서 형태를 갖추어가기 시작했어! 하지만 힘들었어. 책 한 권을 오른쪽 볼 근육으로 쓰기는 쉽지 않았지.

출판사에서는 여러 차례 내용을
수정해달라고 했어. 하지만
결코 순조롭지 않았지.
내가 수학을 잘하잖아. 그런데
출판사에서는 소위 말하는

'독자들이 좋아하지 않는 공식'을 끼워 넣지 말라는 거야. 그래서
나는 쓰고 또 썼어. 포기해야겠다고 생각한 적도 몇 번 있었지.

하지만 아인슈타인의 가장 유명한 공식을 빼놓을
수는 없었어. 제일 이해하기 쉬운 공식이니까.

그 공식은 에너지(E)와
질량(M=Mass) 사이의
관계를 보여줘. 모든
질량은 에너지가 될 수
있다… 반대로 모든 에너지도
질량이 될 수 있다.

책 쓰기는 머릿속에 떠오르는 아이디어를 확실하게 하는 데도
도움이 됐어. 그중 하나는 '전체 이야기'에 관한 아이디어인데
나는 우주에 단 하나가 아니라 많은 이야기가 있다고 믿었거든.
우리는 그저 그중 하나이거나 더
나은 이야기, 즉
전체 이야기의 한
부분만을 보고 있을
뿐이라 생각했지.

내가 집중하고 싶었던 다른
아이디어는 '가상의 시간',
즉 지구의 시간처럼
흐르지만, 지구의
시간과 직각을
이루는 또 다른
시간의 존재에
관한 것이었어.

책이 세상에 나오자 모두가 놀랐어. 미국에서는 즉시
베스트셀러가 되었고 다들 『시간의 역사』를 읽고 싶어 했지.
무려 147주 동안이나 베스트셀러 10위권에 있었다니까. 수십
개의 다른 언어로 번역되었고 순식간에 전 세계에 천만 부가
넘게 팔려나갔지.
나는 거리 구석구석에서 팔려나가는 모두를 위한 책을 만들고
싶었어. 그리고 해냈지!

## 블랙홀이 별을 빨아먹는다는데 사실일까?

여러 해가 지나는 동안 다른 별을 먹는 것들이 발견됐어. 그러니까 근처에 있는 별들을 빨아먹는 블랙홀들 말이야.

우리는 우리 은하계 중심에서 거대한 블랙홀도 발견했어. 은하마다 한가운데 블랙홀이 있었어. 수십억 개의 별들이 그 주위를 돌고 있었지. 먼 훗날 별들은 모두 그 우주 괴물에게 먹힐 거야. 결국에는 태양과 그 주위를 도는 행성들에도 똑같은 일이 벌어지겠지.

## 17. 시간 이동

1990년, 나는 내 간호사 중 한 명인
일레인과 함께 다른 아파트로 이사했어.
아내와의 관계가 나빠졌거든. 힘든 상황에
부닥치고 병과 움직임에 어려움을
겪으면서도 나는 여전히 활기가 넘쳤어.
나는 내 인생에 변화를 줬어. 그리고 다시
시작했지.

내 친구 킵 손은 시간 터널을 통해 과거를 여행할 수 있을
거라고 주장했어. 내 동료들 대부분은 그 주제를 장난으로
여겼지만 나는 시간여행에 관해 생각을 해봤어.
킵 손이 생각해낸 시간 터널로 들어가는 입구가 블랙홀이
아닐까?

나는 우주선이나 다른 장치들이 시간을 되돌릴 수 있다고
생각하지 않았어. 다른 사실이 밝혀지기 전까지는 미래에서
우리를 보러 온 사람도 없을뿐더러 우리의 과거를 바꿔놓은
이도 없다고 생각했지. 누군가 와서 과거를 바꿔놓으면
그때부턴 더 이상 그 과거가
우리의 과거가 아닐 거라는
생각 때문이었어. 하지만
블랙홀이 화이트홀처럼
생긴 또 다른 우주를 여는
문이 될 수 있을 것 같았지.

한편 나는 살면서 얻을 수 있는 모든 기회를
하나도 놓치지 않았어. 학회와 텔레비전 쇼에도 참석했고
우주여행 회사에서 제공하는 무중력 체험 비행까지 했어.
그 회사에서는 우주 비행선의 첫 비행에 내 자리를 잡아
주었지.

1995년, 내가 제일 좋아하는 간호사 일레인과 결혼했어. 하지만 나와 함께 살기란 쉬운 일이 아니었어. 내가 사는 방식은 아주 건강한 사람이라도 지쳐버릴 정도였거든.
나는 수시로 상을 받으러 온 세상을 돌아다녀야 했어.
그러는 사이에도 나는 장애인의 권리를 지지하고 세상의 가난을 위해 싸웠지.

호흡 기관에 위기가 점점 더 자주 찾아왔어. 목숨이 왔다 갔다 했지.
결국, 새로 수술을 해야 했어. 그때부터 나는 아침부터 밤까지 호흡기를 착용해야 했어. 나는 그렇게 더 복잡해진 증상을 겪으면서도 거기서 긍정적인 면을 찾아냈어. 깨끗하고 좋은 공기로 호흡하니까 에너지가 생기더라고! 일레인이 이혼을 요구했지만 나는 외롭지 않았어. 가족들을 좀 더 자주 만나면 되니까. 제인과 아이들이 항상 내 가까이에 있어 주었거든.

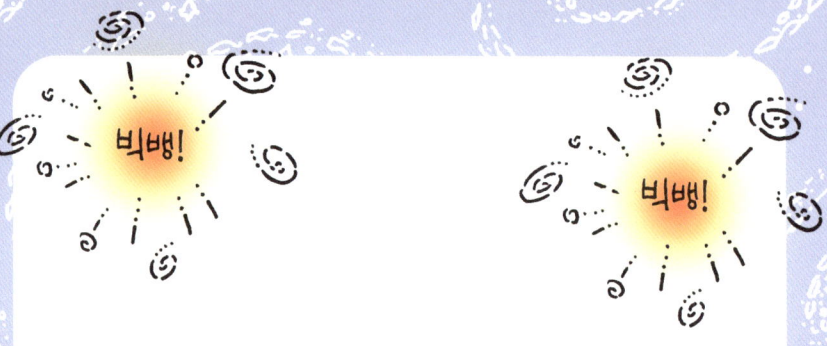

## 우주는 하나가 아니라 무수히 많다는데?

빅뱅과 블랙홀을 연구한 후로 호킹은 우주의 시작과 끝을 이해하기 위해 애를 썼어요. 그리고 시작도 끝도 없다는 결론을 내렸지요. 실제로 호킹의 이론은 빅뱅이 그저 많은 빅뱅 중의 하나일 거라 예견하고 있어요. 빅뱅이 각각 다른 별개의 평행한 우주에서 일어났고, 일어나고 있고, 일어날 거라고 생각했지요.
이 이론이 바로 '다중우주론'이랍니다.

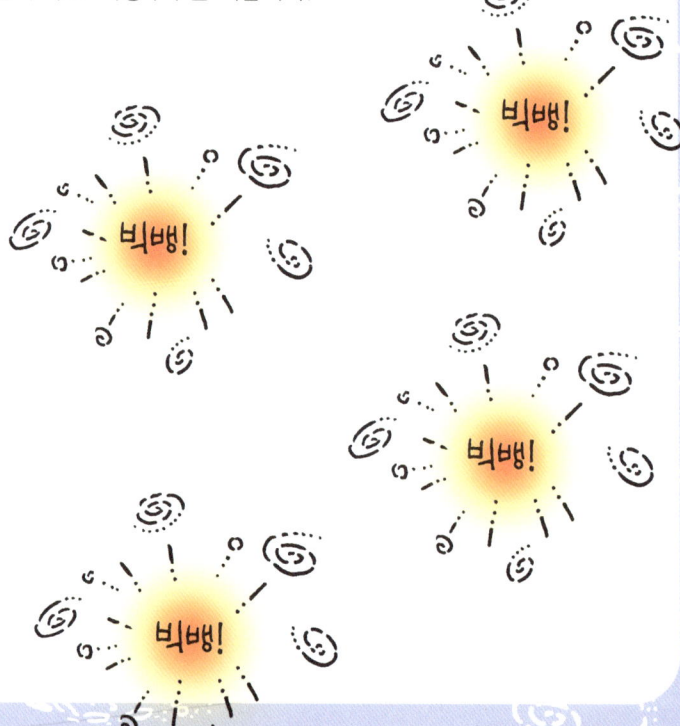

## 18. 모두를 위한 우주

나는 점점 늙어가고 있어. 나는 수많은 합병증에도 살아남았지만 이제 내 병에 나이가 추가되었지. 스스로 휠체어로 곡예를 부릴 수 있게 해줬던 손가락 감각까지 잃었어. 하지만 농담을 하고 새로운 감정을 즐기겠다는 의지는 잃지 않았지.

2009년, 나는 딸 루시와 함께 백악관에 초청받았어. 오바마 대통령에게 대통령 훈장을 받았지. 나는 루카스 수학 석좌교수직에서 물러났지만, 여전히 수학과 이론물리학 교수로 남아 있었어. 나는 일이 좋았어. 사실 나는 정말로 물러나고 싶지 않았지.

2013년, 컴퓨터 공학자들이 나에게 두뇌 스캐너를 제안했어. 뇌의 자극을 읽어 바로 단어로 바꿔줄 뿐만 아니라 앞으로 기계적인 움직임까지 할 수 있게 해주는 스캐너였어. 나는 역사상 첫 인공두뇌를 쓰는 인간이 될 수 있었지. 하지만 나는 그 프로그램을 비상시에만 쓰기로 했어.

2014년, 제인의 책을 바탕으로 제작한 〈사랑에 대한 모든 것〉 (원제: 모든 것의 이론[The Theory of Everything])이 개봉되었어. 에디 레드메인이 내 역할을 맡았지.

이 역할로 에디 레드메인은 아카데미 최우수 남우주연상을 받았어. 그 영화를 보면서 나는 엄청난 전율을 느꼈어. 나는 발명하고 상상하고 계획하기를 멈추지 않았어. 심지어 〈지구를 떠나며: 행성에 이주하는 법〉이라는 다큐멘터리 영화 제작에 협력하기도 했지. 인류가 계속해서 지구와 그 자원을 파괴한다면 이 방법이 유용하게 쓰일지도 몰라.

그 사이 소립자물리학은 크게 발전했어. 입자에 질량을 주는 신비로운 힉스입자가 포착된 거야. 일부에서는 힉스입자를 '신의 입자'라 부르지. 나는 그것이 불가능하다고 생각했어. 하지만 실수를 깨닫고 나서는 제일 먼저 내 동료 힉스가 노벨 물리학상을 받아야 한다고 말했지. 몇몇 동료들이 수상했던 이 권위 있는 상을 나도 받아야 한다고 주장하는 사람들이 많았어.

하지만 내가 수학으로 발견했고 블랙홀에 관한 내 이론을 확인시켜줄 호킹 복사는 아직 실험으로 검증된 것이 아니야.

사실 검증은 시간문제지. 언젠가는 검증될 테고 누가 나 대신 노벨상을 받아줄 거야. 왜냐하면 나는 그 자리에 없을 테니까.

## 안녕! 호킹!

호킹은 2018년 3월 14일 이른 아침, 우리 우주를 떠났어요. 빅뱅이 일어나고 우리를 있게 한 원자가 만들어진 지 137억 년 후였지요. 병은 호킹을 따라다니며 일생의 대부분을 괴롭히다가 결국 그가 76살이 되던 해에 그를 쓰러뜨렸어요.

호킹은 화장되었고 유골은 웨스트민스터 사원에 묻혔어요. 아이작 뉴턴과 찰스 다윈의 무덤 옆이지요.

2018년 말, 평창에서 동계 장애인 올림픽이 열렸을 때 위원회 위원장인 앤드류 파슨스는 폐막 연설에서 호킹 이야기를 했어요. "어렸을 때 호킹은 아이스 스케이트를 좋아했지만, 그는 아주 다른 전공 분야에서 챔피언이 되었습니다. 그리고 장애인만이 아니라 모두에게 하나의 본보기가 되었지요."

같은 해 11월, 세계에서 가장 큰 경매 전문
회사인 크리스티 옥션 하우스에서
호킹의 물품 22개가 경매에
나왔어요. 그중에는 1966년에
발표된 우주의 기원에 관한
박사학위 논문과 다른 논문 원본들이
있었어요. 수익은 전부 의학연구를 하는
자선단체에 기부되었지요.

우주는 시간이 지나면서 점점 더 팽창했어요. 무수히 많은
별이 폭발했고 많은 별이 블랙홀이 되었어요. 다른 우주들이
무한하고 평행하게 탄생했지요. 호킹이 우리에게 남긴 것은
시작도 끝도 없고 모든 것이 무에서 생겨날 수 있는 우주, 모든
것이 블랙홀에서 끝났다가 다시 무한대로 시작할 수 있는 우주,
바로 다중우주론이에요.

하지만 무엇보다 호킹은
우리에게 이런 메시지를
남겼어요. "발을 보지 말고
머리 위의 별들을 더 자주
올려다보세요."

# 우주 용어 사전

### V2 로켓

제2차 세계대전 중 런던에 떨어졌던 로켓으로 베르너 폰 브라운이 개발했다. V2는 우주를 정복한 우주선 주역들의 조상이다.

### 갈릴레이, 갈릴레오

1564~1642년. 처음 망원경을 이용해 과학적인 방법으로 별들을 관측한 사람이 갈릴레오 갈릴레이였다.

### 관성

물체가 자신의 원래 운동 상태(움직임과 정지상태)를 유지하려는 성향을 말한다.
관성을 수치로 나타내는 기준은 질량이다.

## 냉전 시대

역사적으로 1947년부터 베를린 장벽이 무너진 1989년까지는 미국과 소비에트연합이 대립하던 시기였다. 물리적 충돌과 원자폭탄 사용의 위험성이 항상 높던 때이기도 하다.

## 뉴턴, 아이작

1643~1727년. 역사상 가장 위대한 과학자 중 한 사람이다. 1669년에서 1702년까지 케임브리지 대학에서 물리학과 수학을 가르쳤다. 행성, 별, 사과 그리고 블랙홀까지 모든 물체 사이에는 서로 당기는 힘이 존재한다는 사실을 밝혀냈다.

## 다중우주론
우리 우주 외에도 다른 무한대의 우주들이 있을 거라 보는 현대물리학의 가설이다.

## 도플러 효과
누구나 검증할 수 있는 효과다. 사이렌이나 기차 소리의 높이는 소리를 내는 근원지가 가까워지면 더 커지고 멀어지면 줄어드는 것처럼 보인다. 도플러 효과는 인지되는 음높이의 확실한 변화에서 볼 수 있다.

## 루카스 석좌교수

케임브리지 대학 수학과에 교수직을 만들기 위해 기금을 기부한 헨리 루카스(1610~1663년) 목사의 이름을 딴 직책이다. 역대 루카스 석좌교수 중에 아이작 뉴턴이 가장 유명하다.

## 만유인력

만유인력은 태양 주위를 도는 각 행성을 궤도에 있게 하고 물체들을 그 자리에 있도록 붙잡아준다. 뉴턴은 이 힘이 각 물체의 질량에 비례하고 그 두 물체 사이를 가르고 있는 거리의 제곱에 반비례해서 끌어당긴다는 사실을 발견했다.

## 물리학

고대 그리스에서 물리학은 '사물의 본질에 관한 탐구'를 뜻했다. 오늘날 물리학은 극도로 큰 것(천체물리학)과 극도로 작은 것(원자핵물리학과 양자역학)을 다루고 있다.

## 밀도

물질이 얼마나 빽빽이 들어 있는지를 말한다. 큰 별의 경우 밀도가 낮다. 반면에 작은 중성자별과 블랙홀의 밀도는 아주 높다. 여기선 딱 한 찻숟갈 정도의 물질이 전체 태양계의 물질을 합한 것만큼이나 높은 밀도를 보인다. 실제로는 그보다 훨씬 더 높을 수도 있다.

## 박사학위(PH.D)

대학에서 받을 수 있는 가장 높은 학위를 일컫는다. 학부를 졸업한 뒤 새로운 연구를 해서 얻게 된다. 영어권 국가에서는 Ph.D라 부른다. 호킹은 케임브리지에서 빅뱅과 블랙홀에 관한 첫 연구로 박사학위를 받았다.

## 방정식

방정식은 수학에 없어서는 안 될 도구로 어떤 현상이라도 나타낼 수 있다. 우주의 진화까지도 나타낼 수 있다. 알버트 아인슈타인이 상대성 이론의 중심에 둔 것은 가장 간단하고도 가장 놀라운 방정식이었다.

## 블랙홀

중력의 힘이 너무 강해서 아무것도 빠져나가지 못하게 하는 우주의 특정 부분을 말한다. 심지어 빛조차 빠져나갈 수 없다. 각 블랙홀은 우리가 아는 물리 법칙이 적용되지 않고 물질의 밀도가 무한대가 되고 시간이 의미 없어지는 '특이점'을 포함하고 있다.

## 빅뱅

137억 년 전 일어난 대폭발로 우리 우주와 우리를 존재하게 해준 별, 행성, 은하, 원자 같은 우주에 포함된 모든 것들을 발생시켰다. 빅뱅은 호두껍데기보다 크지 않은 한 '특이점'에서 탄생했다.

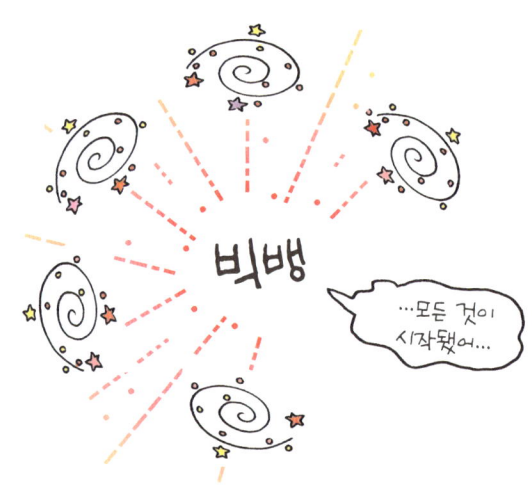

## 상대성 이론

알버트 아인슈타인이 만들어낸 상대성 이론은 우주를 높이, 길이, 깊이, 시간의 4차원으로 보는 이론이다. 빛의 속도를 변하지 않는 상수로 두고 중력에 그 빛을 휘게 하는 힘이 있다고 보았다.

## 성운

은하계 안에 존재하는 먼지, 가스, 별 플라스마의 집합체를 말한다. 별이 성운에서 생성된다.

## 소립자

소립자는 우주의 가장 작은 구성요소다. 일부 (양성자, 중성자 등)는 질량을 갖고 있고 다른 소립자들은 '양자'로 에너지와 특별한 성질을 갖고 있다(광자, 중성미자, 힉스입자 등이 여기 해당한다).

## 수학

수학은 일상에서부터 우주의 기원과 진화에 관한 것까지 모든 종류의 문제를 나타내고 풀기 위해 만들어졌다.

## 시간

인류에게 시간은 하루의 일정 부분 또는 하루가 반복되는 횟수, 아니면 지구의 자전을 의미한다. 물리학에서의 시간은 물체의 속도와 거리에 달려 있다.

## 시간여행

미래 여행은 어렵지만 불가능하지는 않다. '시간은 블랙홀 같은 특이한 곳에서는 천천히 흐르거나 심지어 멈출 수도 있다'라고 말하는 것이 바로 상대성 이론이다. 반면에 과거로 돌아가는 여행은 불가능해 보인다.

## 아인슈타인, 알버트

1879년, 독일의 울름에서 태어났다. 그리고 1955년, 미국의 프린스턴에서 사망했다. 아인슈타인의 상대성 이론은 우주와 시간의 개념에 대변혁을 일으켰다. 그의 공식과 수학적 모형은 우주에 관한 정의를 다시 세우게 했다. 그리고 호킹이 했던 연구의 출발점이 되었다.

## 암흑물질

암흑물질은 우주를 구성하는 물질의 큰 부분을 차지하고 있지만, 육안이나 기기장치로 볼 수 없다. 중력효과에 따라 간접적으로만 탐지할 수 있다. 블랙홀과 달리 한곳에 집중되어 있지 않고 우주에 두루 퍼져 있다.

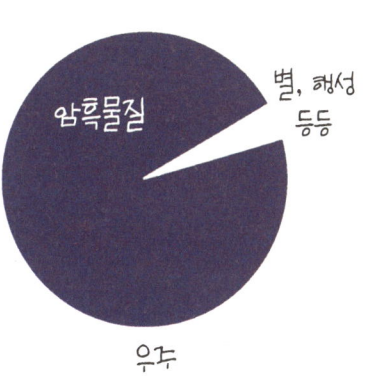

## 앨리스

이상한 나라의 앨리스는 1865년, 런던에서 출간된 유명한 판타지 소설의 제목이다. 이 책의 저자인 루이스 캐럴(본명은 찰스 루트위지 도지슨)은 수학자였다. 나름 호킹의 동창생이기도 하다.

## 양자(QUANTUM)

물질의 가장 작은 구성요소다. 양자는 마치 입자처럼 움직이지만, 단순히 에너지 '꾸러미'일 뿐이다. 대표적으로 광자가 있다.

## 양자역학

가장 작은 입자인 '양자', 혹은 전자파 파동으로 밝혀진 '아원자(원자보다 작은 입자)' 수준에서 물질의 운동을 다루는 물리학의 한 분야다.

## 우주 인플레이션

빅뱅 후 우주에 은하계를 밀어내고 물질을 냉각시킬 수 있는 가속 팽창기가 시작되었다는 이론이다.

## 우주(UNIVERSE)

존재하는 모든 것. 즉 별, 행성, 은하, 은하 간 공간, 우리를 만든 원자들 모두를 가리키는 말이다. 스페이스(Space), 코스모스(Cosmos)도 우주를 뜻한다.

## 우주론(COSMOLOGY)

'코스모스(cosmos)'는 '우주'의 동의어다. 우주론은 우주를 다루는 학문으로 우주가 어떻게 탄생했으며 어떻게 끝날지를 연구한다. 수학과 천체물리학 그리고 천문학 도구를 사용한다.

## 원자

원자는 여전히 전자로 둘러싸인 양성자와 중성자의 핵으로 묘사되고 있다. 실제로 양성자와 중성자는 더 작고 경이로운 소립자로 쪼개질 수 있다.

## 유럽 입자물리연구소(CERN)

제네바에 있다. 100미터 깊이의 27킬로미터 터널에 설치한 내장형 입자 가속기가 이곳의 가장 강력한 설비다. 이 기계는 엄청난 속도로 양성자들을 발사한다. 양성자들은 서로 충돌하고 그 파편은 더 작은 구성성분으로 부서진다.

2012년, 이곳은 물질에 질량을 더해주는 입자인 힉스입자를 규명했다.

## 은하계

별들과 가스와 성단이 중력에 의해 한데 모여 있는 것을 말한다. 우리 육안으로 볼 수 있는 곳에 적어도 은하가 100,000개는 존재한다. 우리 은하에는 약 2,000억 개의 별이 있다. 그 가운데에 어마어마하게 큰 블랙홀이 있다.

## 은하수

지구에서 보이는 우리 은하를 말한다. 별이 빛나는 밤하늘을 가로지르는 희부연 길 같아 보인다. 지구는 우주에 흩어진 수많은(수십억 개의) 자매 은하들 가운데 하나인 태양계 주위를 도는 세 번째 행성이다.

## 인류원리

인류가 우주에서 특권을 가진 위치를 지녔다는 데서 나온 원리가 인류원리다. 많은 우주 가운데 우리는 오직 우리 존재와 양립할 수 있는 것들만 연구할 수 있기 때문이다(지적 생명체가 탄생할 조건을 갖춘 우주만이 의미 있다고 보는 이론이다 – 옮긴이).

## 장애인 올림픽

장애인 선수들을 위한 올림픽이다. 요즘 장애인 올림픽에는 아주 다양한 하계, 동계 올림픽 종목이 포함되어 있다. 호킹은 2012년 런던의 스트랫퍼드에서 열린 화려한 개막식에 참관해 연설을 남겼다.

## 적색이동

적색으로 이동하는 것을 말한다. 빛이 멀어질수록 더 붉은빛이 보이는 현상(도플러 효과)이다. 빛이 멀어질수록 진동수는 확실히 줄어들고 파장은 더 커진다.

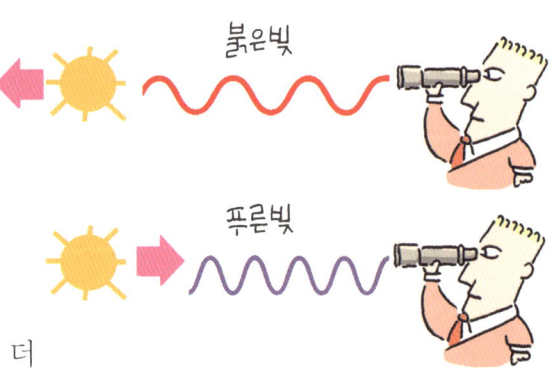

블랙홀

## 전파 망원경

전파 망원경은 빛이 아니라 블랙홀 주변의 활성 영역같이 우주의 근원지에서 오는 다른 전자기파동(전파와 엑스레이)을 관측한다.

## 중력

중력은 우리가 우주로 발사되지 않고 지구에 있도록 붙잡아주는 힘이다. 달의 중력은 지구의 6분의 1밖에 되지 않는다. 블랙홀의 중력은 너무나 강력해서 그 주위에 있는 모든 것을 끌어당겨 한데 모아버린다. 심지어 빛도 끌어당긴다. 중력을 어떻게 측정할 수 있을까? 지구에서는 저울만으로도 충분히 측정할 수 있다. 블랙홀에 가면 즉시 균형을 잃고 끌려들어 가게 될 것이다.

## 중력파

중력파는 별과 블랙홀의 융합, 초신성 폭발, 은하의 합체 때문에 생기는 시공간의 작은 변화다. 이것은 상대성 이론으로 예견되었다.

## 진동수

단위 시간당 같은 현상이 반복적으로 일어난 횟수를 말한다. 헤르츠(Hertz)로 측정되며 초당 일어난 파동의 횟수를 숫자로 표기한 것이 바로 헤르츠다.

## 질량

질량은 물체에 들어 있는 '물질의 양'을 말한다. 물체의 질량은 항상 같지만, 그 무게는 받는 중력의 가속도에 따라 달라진다. 따라서 블랙홀 가까이에선 무게가 아주 무거워질 테고 중력이 없는 곳에서는 무게도 없다.

## 천문학

천체를 관측하고 분류하는 학문이다. 인류의 역사만큼이나 오래되었다.

## 천체물리학

별, 은하계 그리고 그것들을 포함하는 우주의 물리적 성질(온도, 밀도, 원자 구성 등)을 다루는 물리학의 한 분야다.

105

## 초신성

별들은 수십억 년을 살 수 있다. 핵연료가 고갈되면 별들이 대폭발을 일으키는데 폭발 때문에 마치 '새로운' 거성이 생겨난 것처럼 보인다. 그런 다음 서서히 파편이 중심부에 내려앉으면서 마침내 중성자별이나 블랙홀이 만들어진다.

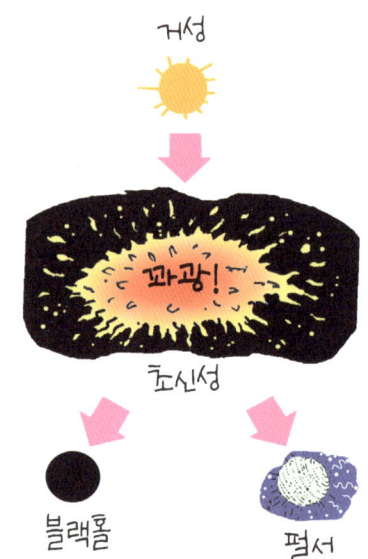

## 칼텍

캘리포니아 공과대학. 캘리포니아의 패서디나에 있는 사립대학으로 순수 응용과학을 위한 학교다. 이 학교의 교수진과 졸업생들 가운데 수많은 노벨상 수상자와 몇몇 우주비행사들이 나왔다.

## 코페르니쿠스, 니콜라스

1473~1543년. 폴란드의 천문학자. 우주의 중심에 지구가 아니라 태양이 있다고 주장한 것으로 유명하다. 아주 혁신적인 일이 벌어졌을 때 우리는 지금도 '코페르니쿠스의 혁명'이라고 말한다.

## 쿼크(QUARK)

쿼크는 결코 분해된 채 발견된 적이 없는 기본입자다. 항상 양성자와 중성자 같은 더 큰 입자로 결합해 있다. 하지만

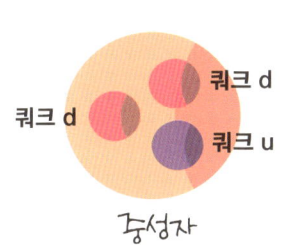

처음에 사람들은 쿼크를 중성자별보다 밀도가 높은 쿼크만으로 구성된 '스트레인지 쿼크' 천체라고 상상했다. 블랙홀이 될 운명이라고도 생각했다.

## 특이점

특이점에서는 우리가 아는 물리 법칙이 적용되지 않는다. 그곳에서는 중력과 밀도가 무한해지고 시간이 의미가 없어진다.

## 파동

움직이는 물체 없이 우주에서 전파되는 작은 변화를 말한다. 음파, 해파, 지진파, 빛, 엑스선, 그밖에 전자기파가 있다.

## 파인만, 리처드

1918~1988년. 미국의 물리학자이자 대중에 널리 알려진 유명인이다. '양자역학' 에 경이로운 혁신을 일으킨 학자이기도 하다. 리처드 파인만은 자신을 노벨상 수상자, 이야기꾼, 봉고 연주자라고 표현하기도 했다.

## 펄서(PULSAR)

초기에 펄서는 외계 전파원으로 여겨져 LGM(초록난쟁이)이라 불렸다. 하지만 펄서는 작디작은 중성자별일 뿐이다. 펄서는 아주 빠른 속도로 회전하면서 규칙적으로 전자기파를 방출한다.

## 허블 천체 망원경

1990년, 나사에서 궤도에 발사한 천체 망원경이다. 천문학자 에드윈 허블의 이름을 땄다. 대기권의 방해를 받지 않기 때문에 엄청난 발견을 할 수 있었다.

## 허블, 에드윈

1889~1953년. 에드윈 허블은 미국의 천문학자다. 그리고 캘리포니아의 패서디나 근처에 있는 윌슨 산 천문대의 설립자이자 관리감독이기도 했다. 에드윈 허블은 은하계의 '적색이동'(은하의 이동이 적색으로 보이는 것)을 발견했다. 그는 성운처럼 보이는 많은 은하가 사실은 우리와 다른 외부 은하였다는 사실을 처음으로 증명했다.

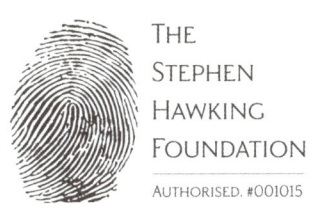

## 스티븐 호킹 재단

2015년, 스티븐 호킹이 설립한 이 재단은 과학을 향한 아이들의 열정을 북돋워주는 곳이에요. 이 재단에서는 과학을 엄격하게 적용하면서도 일상과 어린 시절의 경험을 과학적 아이디어와 어우러지게 한다는 흥미로운 도전을 하고 있어요. 이런 식으로 어린 독자들이 과학을 의미 있고 특별한, 실제 살아 있는 대상으로 받아들일 수 있게 하지요. 이 재단은 또한 힉교외 대학교 수준이 우주론, 천체물리학, 소립자물리학 연구뿐 아니라 운동신경세포병과 그 병으로 고통받는 환자들에 관한 연구도 지원하고 있어요.

별별 천재들의 과학 수업 ❶

# 호킹과 신비한 블랙홀

1판 1쇄 찍은날 2020년 2월 13일
1판 3쇄 펴낸날 2021년 10월 29일

쓰고 그린이 **루카 노벨리** | 옮긴이 **김영옥**
펴낸이 **정종호** | 펴낸곳 **(주)청어람미디어(청어람아이)**
편집 **박세희** | 마케팅 **이주은** | 제작·관리 **정수진** | 인쇄·제본 **(주)에스제이피앤비**
등록 1998년 12월 8일 제22-1469호
주소 03908 서울 마포구 월드컵북로 375 (상암동 DMC 이안상암 1단지) 402호
전화 02-3143-4006~8 | 팩스 02-3143-4003

ISBN 979-11-5871-129-0  74400
　　　979-11-5871-128-3  (세트)

잘못된 책은 구입하신 서점에서 바꾸어 드립니다. 값은 뒤표지에 있습니다.

품명: 아동도서 | 사용연령: 8세 이상
제조국명: 대한민국 | 제조년월: 2021년 10월 | 제조자명: 청어람미디어
전화번호: 02-3143-4006 | 주소: 03908 서울 마포구 월드컵북로 375, 402호
종이에 베이거나 긁히지 않도록 조심하세요.
책 모서리가 날카로우니 던지거나 떨어뜨리지 마세요.
KC마크는 이 제품이 공통안전기준에 적합하였음을 의미합니다.

**별별 천재들의 과학 수업** 시리즈는 출간 후 20년 동안 전 세계의 수많은 언어로 출간되어 어린이 독자들에게 가장 많이 사랑받아온 과학 위인전입니다. 인류 역사를 바꿔놓은 위대한 과학자들의 삶과 업적을 통해 과학하는 즐거움을 느끼고 과학자의 꿈을 키워 보세요.

## ★별별 천재들의 과학 수업

### 호킹과 신비한 블랙홀
루카 노벨리 글·그림 | 김영옥 옮김 | 112쪽 | 12,000원

건강 문제로 인해 휠체어를 타고 목소리를 잃는 역경을 극복하고 우주의 시작과 끝인 빅뱅과 블랙홀을 탐구하여 우주에 대한 새로운 지평을 열어준 호킹의 삶과 과학 이야기.

### 아인슈타인과 신기한 타임머신
루카 노벨리 글·그림 | 정수진 옮김 | 112쪽 | 12,000원

바이올린을 사랑했고 괴짜였던 어린 시절부터 물리학에 대한 열정을 키우며 특허청에서 일했던 경험, 그리고 상대성 이론과 평화를 향한 열정까지 아인슈타인의 삶과 과학 이야기.

### 테슬라, 전기의 마술사
루카 노벨리 글·그림 | 김영옥 옮김 | 112쪽 | 12,000원

교류전류, 전기자동차, 원격조종, 레이더에서부터 수직 이륙 비행기에 이르기까지 오늘날 우리가 매일 사용하는 많은 기술을 누구보다 먼저 예견하고 발명했던, 전기의 마술사 테슬라의 삶과 과학 이야기.

### 다윈과 어마어마한 공룡
루카 노벨리 글·그림 | 정수진 옮김 | 128쪽 | 12,000원

영국의 시골에서 달팽이를 잡던 어린 시절, 비글호를 타고 세계를 항해한 이야기, 폭발적인 반응을 이끌어낸 진화론, 지렁이를 관찰한 이야기까지 다윈의 삶과 과학 이야기.

### 뉴턴과 세상을 바꾼 사과
루카 노벨리 글·그림 | 김영옥 옮김 | 112쪽 | 12,000원

만유인력의 법칙에서부터 빛에 대한 연구, 미적분학에 이르기까지 현대 수학과 물리학의 시대를 연 위대한 과학자인 뉴턴의 삶과 업적 이야기.